Backbone

JS

Backbone JS

JavaScript Framework

Guillermo Lorenzo Carvallo

TABLA DE CONTENIDO

Notas del Autor

Esta publicación está destinada a proporcionar el material útil e informativo. Esta publicación no tiene la intención de conseguir que usted sea un maestro de las bases de datos, sino que consiga obtener un amplio conocimiento general de las bases de datos para que cuando tenga que tratar con estas, usted ya pueda conocer los conceptos y el funcionamiento de las mismas. No me hago responsable de los daños que puedan ocasionar el mal uso del código fuente y de la información que se muestra en este libro, siendo el único objetivo de este, la información y el estudio de las bases de datos en el ámbito informático. Antes de realizar ninguna prueba en un entorno real o de producción, realice las pertinentes pruebas en un entorno Beta o de prueba.

El autor y editor niegan específicamente toda responsabilidad por cualquier responsabilidad, pérdida, o riesgo, personal o de otra manera, en que se incurre como consecuencia, directa o indirectamente, del uso o aplicación de cualesquiera contenidos de este libro.

Todas y todos los nombres de productos mencionados en este libro son marcas comerciales de sus respectivos propietarios. Ninguno de estos propietarios ha patrocinado el presente libro.

Procure leer siempre toda la documentación proporcionada por los fabricantes de software usar sus propios códigos fuente. El autor y el editor no se hacen responsables de las reclamaciones realizadas por los fabricantes.

INTRODUCCIÓN A JAVASCRIPT

En sus comienzos, el lenguaje JavaScript fue creado para funcionar en el lado del cliente y se ejecutaba exclusivamente en los navegadores web. La base de la programación en el lado del cliente consiste en escribir un script y hacer que este funcione en el navegador sin tener que viajar hasta el servidor para ser ejecutado.

Ejecutarse en el navegador significa que el navegador tendrá la posibilidad de interpretar y ejecutar el lenguaje. Este hace eso a través de sus motores (engines) y cada navegador tiene el suyo propio. Si busca en internet por engines javascript encontrará nombres como V8, WebKit, SipderMoney, TraceMonkey, Gecko, Chakra, etc...

El engine más usado es la V8 lanzado por Google y embebido en su navegador Chrome. Su popularidad, sin lugar a dudas, se debe al hecho de que es utilizado por el Node.js. Como mencionamos al principio, inicialmente el lenguaje se usaba para resolver problemas de interactividad de las páginas web, esta estaba en el lado del cliente (en el navegador) haciendo lo que los lenguajes del lado del servidor no podían hacer. Por contra, JavaScript estaba limitado a simplemente poder realizar mejorías en las páginas web, no es que eso fuera fácil o simple ni tan poco desmerecedor, pero el lenguaje estaba limitado al espacio del navegador.

El Node.js puso un fin a ese límite, trajo el lenguaje hacia el lado del servidor colocándolo como competidor de los demás lenguajes de servidor como PHP, Python, Ruby, ASP y etc...

Si ha trabajado con JavaScript antes de que trabajar con Node.js, debe sentirse excitado con la posibilidad de poder ejecutar JavaScript en el lado del servidor. Pero para quien nunca programó en JavaScript, debe saber que existen dos caminos que se deben trabajar (el del servidor y el del cliente) tal vez no sea nada asombroso, ya que su curva de aprendizaje será acentuada. Teniendo en cuenta que la opinión más importante es la suya y no la mía, le invito a emitir su opinión sobre la siguiente cuestión: ¿Cuál será la primera impresión que tendrá un principiante sobre JavaScript ahora que este puede ser ejecutada tanto en el lado del servidor como en el cliente?

Si usted es un principiante o no, aún existen más preguntas que deberá tener en cuenta:

- ¿Debo aprender JavaScript del lado del servidor o del lado del cliente?
- ¿En cuál me inicio?
- ¿A cuál debo dedicarme más?

No hay una única respuesta para estas preguntas. En mi opinión usted debe aprender las dos formas, comenzar por la que tengas más ganas y especialícese en la que más le guste, sin embargo nunca ignore el otro lado, si necesita más información trate de entender las diferencias entre un programador server-side y un front-end.

Entonces, ¿Qué es JavaScript?

"JavaScript (a veces llamado sólo de JS) es un lenguaje de programación, leve, interpretado, orientado a objetos, basada en prototipos y en first-class functions (funciones de primera clase), más conocida como el lenguaje de script de la Web. También se utiliza en otros entornos como node.js y Apache CouchDB".

Mozilla Foundation

JavaScript es el lenguaje de programación que Netscape creó para dar vida (del lado del cliente - front end) a su navegador. El nombre tiene una orientación comercial, quisieron aprovechar el éxito de Java y escogieron un nombre similar. El resultado es que hasta hoy (2015) hay una confusión enorme. JavaScript no es Java (y viceversa). El padre de este se llama Brendan Eich.

Netscape fue vendida y dio lugar a la fundación Mozilla, tomó los mandos del negocio y viene realizando un óptimo trabajo.

La popularidad se dio por el hecho de que JavaScript hacía lo que ningún otro lenguaje podía hacer: transformar páginas HTML estáticas en algo dinámico sin tener que "viajar" hasta el servidor, estamos hablando del lado del cliente (front end). El Node.js, lanzado en 2009, también colaboró mucho en la popularidad de este lenguaje, llevándolo hacia el servidor.

"Parece algo que puede dominar en una tarde, JS parece simple, pero, en sus 15 años de historia hasta aquí, las mejores prácticas de JS parecían cambiar con las estaciones.". Kevin Yank y Cameron Adams (Simple JavaScript)

¿Está realmente JS Orientado a Objetos?

JavaScript contiene objetos que pueden contener datos y métodos que actúan sobre esos datos. Los objetos pueden contener otros objetos. JavaScript no tiene clases, pero tiene constructores que son capaces de hacer lo que hacen las clases, incluyendo actuar como contenedores para las clases de variables y métodos. Este no tiene herencia orientada a la clase, pero tiene herencia orientada al prototipo.

JavaScript es un lenguaje orientado a objetos. Eso significa que, en vez de tener funciones definidas globalmente para operar en valores de varios tipos, los propios tipos definen métodos para trabajar con valores. Para clasificar los elementos de un array *a*, por ejemplo, no pasamos *a* hacia una función sort(). En vez de eso, llamamos al método sort() de a:

a.sort() // versión orientada a objetos de "sort(a)"

¿Es JavaScript seguro?

Vamos a extender esa pregunta a: ¿El lenguaje de programación X es seguro?

Ningún lenguaje de programación es seguro o inseguro, la pregunta correcta sería:

¿El desarrollador programa de forma segura?

Lo que sucede con JavaScript es que el código queda expuesto a cualquier usuario, por ello, percibimos erróneamente, que JavaScript es inseguro, pero esto no es verdad. Seguro o inseguro es la forma en como se programa.

En el caso de la programación client-side, con miras a que el código queda expuesto, no crearemos ningún código sensible (un código que pueda ser explorado por un hacker causando daños a la aplicación).

Estandarización

ECMAScript es la estandarización que rige el lenguaje JavaScript, en realidad este es el nombre oficial adoptado para el lenguaje, pero no "pega" de ninguna manera.

¿Porque tenemos un estándar? Porque cada navegador implementa el lenguaje de forma diferente, en otras palabras, si escribe un trozo de código JavaScript que funciona en el Firefox, por ejemplo, puede que no funcione en el Internet Explorer. Es más, JavaScript sufre del mismo problema que el HTML y el CSS, cada navegador lo implementa a su manera.

"En teoría, la estandarización obliga a las empresas fabricantes de navegadores a implementar como mínimo aquel conjunto de funcionalidades". (Edgar Damiani). Por eso el estándar ECMA es tan importante.

Comenzando con JavaScript

El objeto de este capítulo es usted entre rápidamente en acción, veremos cómo comenzar con JavaScript tanto en el lado del servidor como en el lado del cliente.

Presupongamos que usted ya sabe lo que es JavaScript.

Comenzando con JavaScript en el lado del servidor (Node.js). para ello necesitará tener el Node.js instalado.

En la consola, teclee node -v para saber que versión tiene instalada.

Teclee solamente node para iniciar la consola interactiva (REPEL), su prompt cambiará por la señal de mayor >.

```
$ node -v
v0.10.29
$ node
>
```

Ahora que ya sabe que es JavaScript, vamos a experimentar un poco.

```
var variable = "Yo soy javascript";
variable
'Yo soy javascript'
```

Note que no necesitamos utilizar *console.log(variable)* para ver el valor de variable, pero si fuera el caso, haríamos lo siguiente.

```
var variable = "Yo soy javascript";
console.log(variable);
Yo soy javascript
```

Teclee CTRL+C dos veces para salir.

Otra manera es crear un archivo de texto simple con la extensión .js, por ejemplo, script.js e insertar nuestro ejemplo en él. En este caso, vamos a necesitar de la consola.*log*.

```
// archivo script.js
var variable = "Yo soy javascript";
console.log(variable);
```

En la consola ejecute el archivo de la siguiente forma: *node script.js*

CÓMO EJECUTAR JAVASCRIPT

Puede ejecutar JavaScript del lado del cliente (front end) en un navegador web, dé preferencia al Firefox o al Google Chrome.

Cree un archivo de texto simple, guárdelo con el nombre index.html e inserte en este el siguiente código:

```
var variable = "Yo soy javascript";
alert(variable);
```

Abra el archivo en un navegador cualquiera.

CADA UNO EN SU CUADRADO

Antes de comenzar a escribir en JavaScript es bueno saber separar las partes de su código.

JavaScript será el encargado del comportamiento de la página, de la interacción con el usuario, de los eventos posibles (click, doble click, teclado, movimiento del mouse, etc...), de todo aquello que puede beneficiar a la interface del sistema.

El CSS se encarga de la presentación de la página. Fue pensado para estilizar, formatear, diseñar, cuidar de la apariencia, layout, contenidos, fuentes, bordes, espaciamiento, disposición de los elementos, etc... Este se encargará del embalaje, de la ropa con la que su página web se vestirá.

El HTML marca el contenido, en otras palabras: todo lo que es necesario para leer y entender el contenido de su página web. El código HTML debe hacer lo máximo para transmitir el significado (o semántica) del contenido. El HTML describe el contenido de la página, a eso lo llamamos de marcación semántica.

Organizando las ideas, tenemos lo siguiente:

- Contenido (HTML)
- Presentación (CSS)
- Comportamiento (JavaScript).

¿DÓNDE COLOCAREMOS EL JAVASCRIPT ?

Lo ideal es escribir el código JavaScript en un archivo de texto con extensión .js e incluirlo en el archivo HTML de la siguiente manera:

```
<!DOCTYPE html>
<html lang="Es-es">
  <head>
    <title>Hola, Mundo</title>
    <meta charset="utf-8">
    <script type="text/javascript" src="mi_codigo.js"></script>
```

```
</head>
<body>

...
</body>
</html>
```

El código anterior tiene un pequeño inconveniente: el orden en el que el archivo es leído y ejecutado por el navegador. Los navegadores ejecutan los archivos JavaScript así que el código es bajado y después continúa renderizando el HTML restante. Eso significa que si su código depende del HTML, y créame que va a depender, este no conseguirá ejecutarse correctamente.

Actualmente hay algunas salidas para este problema, el enfoque más utilizado es el de colocar el script al final del HTML, quedaría resuelto. Eso garantiza que su JavaScript será ejecutado después de que todo el HTML haya sido cargado y así obtiene un mejor rendimiento y evita alguna rotura del código. Ahora, veamos cómo queda nuestro HTML:

```
<!DOCTYPE html>
<html lang="ES-es">
  <head>
    <title>Hola, Mundo</title>
    <meta charset="utf-8">
  </head>
  <body>
    ...
    <script type="text/javascript" src="mi_codigo.js"></script>
  </body>
</html>
```

Colocamos el código JavaScript al final del HTML.

JavaScript. Sintaxis Básica

VARIABLES

Las variables se declaran con la palabra clave *var*, como sigue:

var i;
var sum;

También es posible declarar varías variables con la misma palabra clave *var*:

var i, sum;

Y se puede combinar la declaración de la variable con su inicialización:

var i = 0, j = 0, k = 0;
var nombre = "Paquito";

Antes de usar una variable en un programa JavaScript, debe declararla.

TIPOS

Los tipos en JavaScript se pueden dividir en dos categorías:

- Tipos primitivos
- Tipos de objeto

Los tipos primitivos incluyen números, strings y valores booleanos.

Los valores especiales *null* y *undefined* son valores primitivos pero no son números, ni string y ni booleanos.

Cualquier valor en JavaScript que no sea número, string, booleano, *null* o *undefined* es un objeto.

El typeof es un operador unario colocado antes de su operando, el cual puede ser de cualquier tipo. Su valor es una string que especifica el tipo del operando.

typeof "cualquiercosa"; // 'string'
typeof 12345; // 'numero'

NÚMEROS

Al contrario de muchos lenguajes, JavaScript no hace distinción entre valores enteros y valores en punto flotante. Todos los números en JavaScript se representan como valores en punto flotante.

Literales enteros:

0
1
100

Literales en punto flotante:

3.14
100.09
0.33333

STRINGS

Para incluir una string literal en un programa JavaScript, solamente tenemos que colocar los caracteres de la string dentro de un par de aspas simples o dobles.

"" string vacia
'prueba'
"otra prueba"

Para concatenar strings utilizamos el operador +.

var mensaje = "Hola " + "Mundo"; // "Hola Mundo"
mensaje = "Bienvenido a mi blog, " + name;

La propiedad *length* determina el tamaño de la string.

"palabra".length // 7

BOOLEANOS

Los valores booleanos se representan mediante *true* y *false*.

NULL Y UNDEFINED

La palabra clave *null* indica la ausencia de un valor.

Pero también hay un segundo valor que indica ausencia de valor: *undefined*.

El valor indefinido (undefined) representa una ausencia más profunda, es el valor de variables que no fueron inicializadas.

CONVERSIÓN

El lenguaje es muy flexible en cuánto a los tipos de valores que exige.

Las variables en JavaScript no son escritas. Usted puede atribuir un valor de cualquier tipo a una variable y, posteriormente, atribuir un valor de tipo diferente para la misma variable.

JavaScript convierte los valores de un tipo a otro de forma automática.

Si un programa espera una string, y por ejemplo, usted suministra un número, este convierte el número en string automáticamente.

Si usted usa un valor no booleano donde se espera un booleano, JavaScript convierte el valor adecuadamente.

CONDICIONAL - IF / ELSE

```
if (n == 1) {
// ejecuta el bloque if
} else if () {
// ejecuta el bloque else if
} else {
// ejecuta el bloque else
}
```

OPERADOR CONDICIONAL TERNARIO

Es posible obtener resultados semejantes usando el operador condicional ternario "condition ? expr1 : expr2".

resultado = (x > z) ? "x es mayor que z" : "z es mayor que x";

El código de arriba es equivalente al código que vemos a continuación:

```
if (x > z) {
resultado = "x es mayor que z";
} else {
resultado = "z es mayor que x";
}
```

CONDICIONAL - SWITCH

```
switch(accion) {
case 'beber':
beberlo();
break;
case 'comer':
comerlo();
break;
default:
nohacernada();
}
```

BUCLE FOR

```
for (var i = 0; i < 5; i ) {
// se ejecutará 5 veces
}
```

ARRAYS

En JavaScript, los arrays son un tipo especial de objeto que representan un conjunto ordenado de valores numerados.

```
var a = new Array();
a[0] = "perro";
a[1] = "gatos";
a[2] = "pollos";
a.length // 5
```

La forma más conveniente y más usada para la utilización de arrays es la que vemos a continuación:

```
var a = ["perro", "gatos", "pollos"];
a.length // 5
```

FUNCIONES

Una función es un objeto que tiene código ejecutable asociado. Se puede llamar a una función ejecutar el código ejecutable y retornar un valor calculado.

```
function add(x, y) {
var total = x + y;
```

```
return total;
}
```

OBJETOS

Un objeto en JavaScript es un conjunto no ordenado de valores nombrados.

Para crear un objeto vacío usamos el siguiente código:

```
var obj = {};
```

Podemos crear un objeto con propiedades y métodos:

```
var obj = {
nombre: "Zanahoria",
"for": "Max",
details: {
color: "naranja",
size: 12
}
}
```

Para acceder a las propiedades de un objeto usamos el siguiente código:

```
obj.details.color // naranja
```

```
obj["details"]["size"] // 12
```

OTRO EJEMPLO

Las funciones también se comportan como objetos.

```
function Person(name, accion) {
this.name = name;
this.accion = accion;
}
```

Instanciar el objeto

```
var obj = new Person("Tú", 30);
```

Modificamos los valores de las propiedades.

```
obj.name = "Pedro";

obj.name; // imprime 'Pedro'
```

ORIENTACIÓN A OBJETOS EN

JAVASCRIPT

En este capítulo introduciremos el concepto intuitivo de programación orientada a objetos en JavaScript.

El mundo de la Programación Orientada a Objetos (OOP) en JavaScript es un poco diferente, el camino es tortuoso y si cree que tener los conceptos de OOP le ayudará, se equivocará. "Instanciar una clase no" tiene el mismo significado en JS.

De momento, vamos a entender que un objeto tiene propiedades (variables) y métodos (funciones) como en cualquier otro lenguaje y que definimos a este a través de las llaves { }.

El objeto vacío se representa mediante:

{}

Atribuir el objeto vacío a una variable cualquiera:

var variable = {};

Algunas propiedades del objeto:

var persona = {
nombre: "Ruben Gallardo",
peso: "gordito",
tipo: "feucho"
};

Ahora podemos referenciar las propiedades del objeto:

```
console.log(persona.nombre);
// salida: "Ruben Gallardo"
```

Añadir un método:

```
var persona = {
nombre: "Ruben Gallardo",
peso: "gordito",
tipo: "feucho",
llamarPedro: function() {
// código para llamar al compañero Pedro
}
};
```

Ejecutar ese método:

```
persona.llamarPedro();
```

A continuación intente realizar un esfuerzo mental para entender y decorar el siguiente esquema:

```
var objeto = {
propiedad: "podemos iniciar la variable con algún valor",
metodo: function() {
// código
// código
// código
},
otroMetodo: function() {
// código
// código
// código
}
};
```

Note que tanto las propiedades como los métodos:

- Están separados por comas.
- Utilizan los dos puntos como separador "nombre: valor"

En JS invocamos a los atributos y métodos a través del "punto - . -". Conforme podemos ver en los ejemplos de a continuación:

almacenando un valor

objeto.propiedad = 123;

buscando el valor

document.write(objeto.propiedad);

ejecutando un método (una función)

objeto.metodo();

EJEMPLO

A continuación tenemos el esqueleto de un objeto en JS, note que intercambiamos el término clase por objeto.

var objeto = {}

Las propiedades y métodos están separados por la coma:

var objeto = {
a: 0,

```
b: 0,
c: 0,
metodo: function() {

}
}
```

Dentro de los métodos, las variables y las propiedades están referenciadas por la palabra clave this:

```
var objeto = {
a: 0,
b: 0,
c: 0,
metodo: function() {
console.log( this.a );
console.log( this.b );
console.log( this.c );
}
}
```

El código que vemos a continuación representa un triángulo y sólo tiene un método: *validarForma()*.

```
var Triangulo = {
a: 0,
b: 0,
c: 0,
validarForma: function() {
if (this.a < (this.b this.c)) {
if (this.b < (this.a this.c)) {
if (this.c < (this.a this.b)) {
return true;
}
}
} else {
return false;
```

```
        }
    }
};
```

Introducción a Ajax

Ajax es el acrónimo de Asynchronous JavaScript and XML.

El término fue inventado por Jesse James Garrett y apareció por primera vez en su ensayo de febrero de 2005: "Ajax: A New Approach to Web Application". El término fue inventado por el Jesse, pero el objeto XMLHttpRequest fue introducido en el mercado por Microsoft a mediados de 1999.

"Ajax" fue un argot popular durante muchos años; ahora es sólo un término útil para una arquitectura de aplicación Web basada en scripts de peticiones HTTP. (Flanagam en su libro "JavaScript La guía Definitivo", capítulo 18 Scripts HTTP).

Ajax es un conjunto de tecnología: JavaScript, XML y un lenguaje del lado del servidor que no está contenida en el nombre pero que es igualmente importante.

Al comienzo, los datos se enviaban principalmente en el formato XML, pero con la creación y popularidad del formato JSON este último pasó a ser el formato dominante. Es por esa razón por la que Ajax se considera sólo un "término útil".

La idea esencial del Ajax es hacer una petición al servidor sin tener que renderizar toda la página HTML, lo que era costoso en su época debido a que la mayoría de las conexiones con internet eran bastante lentas. Pero lo mejor es que esto está integrado con el lenguaje JavaScript. Esa combinación explosiva dio origen a una nueva era de aplicaciones web.

SU PRIMER PROGRAMA AJAX

Cree un archivo denominado *variable.txt* e inserte en ella una única línea con el siguiente contenido: *Texto plano!*.

Para ejecutar el código de abajo podrá utilizar las herramientas del navegador. Si usa el Firefox puede usar el plugin FireBug, si está usando el Chrome, apriete la tecla F12 para abrir el plugin equivalente.

```
1    var peticion = new XMLHttpRequest();
2    peticion.open("GET", "variable.txt", true);
3    peticion.send();
4    peticion.responseType = "text";
5    peticion.onload = function(){
6      console.log(this.response);
7    }
```

En la línea 1 creamos un objeto *XMLHttpRequest*.

En la línea 2 inicializamos la petición con el método *open()*.

El método *open()* recibe tres argumentos, siendo los dos primeros obligatorios.

- El primer argumento es el tipo (verbo) de petición HTTP que debe enviar *(GET, POST, DELETE, etc...)*.
- El segundo es el lugar a partir del cual desea solicitar los datos. La URL puede ser relativa o absoluta, pero debido a las preocupaciones en la seguridad entre dominios, el destino debe residir en el mismo dominio.
- El tercer argumento del método *open()* es un valor booleano que especifica si la petición se realiza de forma asíncrona (true) o síncrona (false). Una petición síncrono

(sincronizado) congelará el navegador hasta que haya terminado. Una petición asíncrona (de sincronizada) sucede en un segundo plano de la aplicación, permitiendo que se puedan ejecutar otros scripts.

En la línea 3 llamamos al método *send()* para enviar la petición.

En la línea 4 definimos que la respuesta del servidor será un texto plano. No necesitamos hacer eso ya que ese es el valor por defecto, pero mejor dejar las cosas explícitas.

En la línea 5 definimos una función para el evento onload del objeto *XMLHttpRequest*. Este evento se ejecutará si la petición se realiza con éxito. En este caso, el resultado será *texto plano!\n* y será accesible a través de la propiedad *responseText* del objeto *XMLHttpRequest*.

LEYENDO ARCHIVOS XML

El mismo ejemplo podría utilizarse para leer un archivo XML. Cree un archivo denominado *archivo.xml* e inserte el siguiente código.

```
<?xml version="1.0" encoding="utf-8"?>
<receta nombre="pan" tiempo_de_preparacion="5 minutos"
tiempo_de_cocimiento="1 hora">
 <titulo>Pan simples</titulo>
 <ingredientes>
  <ingrediente cantidad="3"
unidad="cucharadas">Harina</ingrediente>
  <ingrediente cantidad="7"
unidad="gramos">Levadura</ingrediente>
  <ingrediente cantidad="1.5" unidad="cucharadas"
estado="templada">Agua</ingrediente>
```

```
<ingrediente cantidad="1" unidad="cucharadas
grandes">Sal</ingrediente>
 </ingredientes>
 <instrucciones>
  <paso>Mezcle todos los ingredientes, y disuelvalos bien.</paso>
  <paso>Cubra con un paño y deje durante hora en un lugar
templado.</paso>
  <paso>Mezcle nuevamente, coloque en una bandeja y ase en un
horno.</paso>
 </instrucciones>
</receta>
```

El código de abajo hará una petición Ajax para leer el contenido de un archivo XML. Note que el valor de la propiedad *responseType* es *document* y no *xml*.

```
var peticion = new XMLHttpRequest();
peticion.open("GET", "archivo.xml", true);
peticion.send();
peticion.responseType = "document";
peticion.onload = function(){
console.log(this.response);
}
```

POST

Para hacer una petición del tipo $POST$ además de utilizar el verbo *post* como parámetro de la función *open()* también debemos utilizar la función *setRequestHeader()* para establecer el encabezado de la respuesta.

Pasamos los datos (campos y valores) como parámetro a la función *send()*.

```
var peticion = new XMLHttpRequest();
HTTP.open("POST", "script.php", true);
HTTP.setRequestHeader('Content-Type', 'application/x-www-
form-urlencoded; charset=UTF-8');
HTTP.send("campo1=dato1"campo2=dato2"campo3=dato3");
HTTP.responseType = "text";
Peticion.onload = function(){
console.log(this.response);
}
```

El archivo script.php debe ser como vemos a continuación:

```
<?php
var_dump($_POST);
```

GET

La petición GET no necesita del método setRequestHeader() pero siempre es una buena práctica utilizarlo. Para pasar los datos (campos y valores) debemos concatenar la string junto con el segundo parámetro del método open().

```
var peticion = new XMLHttpRequest();
peticion.open("GET",
"script.php?campo1=dato1"campo2=dato2"campo3=dato3", true);
peticion.setRequestHeader('Content-Type', 'application/x-www-
form-urlencoded; charset=UTF-8');
peticion.send();
peticion.responseType = "text";
peticion.onload = function(){
console.log(this.response);
}
```

El archivo script.php debe ser como el que vemos a continuación:

```php
<?php
var_dump($_GET);
```

AJAX COMO ERA UTILIZADO EN EL COMIENZO

En este capítulo se muestra la sintaxis de cómo se utilizaba el objeto *XMLHttpRequest* en sus inicios con la utilización de la técnica AJAX.

La primera forma de utilización del objeto *XMLHttpRequest* incluía el manipulador de eventos *onreadystatechange*. En la especificación del objeto *data* en diciembre de 2014 el evento *onreadystatechange* aún es soportado, quiere decir que este aún no está en desuso. Sin embargo, la especificación presenta nuevas formas de lidiar con el objeto.

Vamos a centrarnos en el evento *onreadystatechange*. Este se acciona con cada modificación de la propiedad *readyState*, es decir, e cada cambio del valor de esa propiedad, el evento onreadystatechange se ejecutará.

```
var peticion = new XMLHttpRequest();

peticion.open("GET", "variable.txt", true);
peticion.send();

peticion.onreadystatechange = function () {
  if(this.readyState == this.DONE) {
  // exito
  if(this.status == 200) {
    console.log(this.responseText)
    return;
  }
```

```
  // algo ha salido mal
  else {
    console.log(this.status)
  }
 }

}
```

La propiedad *readyState* puede tener uno de los siguientes valores:

- 0 UNSENT
- 1 OPENED
- 2 HEADERS_RECEIVED
- 3 LOADING
- 4 DONE

La utilización del objeto *XMLHttpdRequest* implica en pasar por esos estados. Por curiosidad puede ejecutar el siguiente código.

```
...
...
...
Peticion.onreadystatechange = function () {
  console.log(this.readyState);
}
```

La respuesta del servidor estará lista cuando readyState sea igual a 1, para ello podemos hacer eso:

```
Peticion.onreadystatechange = function () {
 if(this.readyState == 1) {
 }
}
```

Pero preferimos utilizar las contantes del objeto *XMLHttpRequest*.

```
Peticion.onreadystatechange = function () {
if(this.readyState == this.DONE) {
}
}
```

Después de observar que la petición está lista para uso, debemos saber cuál fue el código de respuesta del HTTP. Hacemos eso chequeando el valor de la propiedad *status*.

```
Peticion.onreadystatechange = function () {
if(this.readyState == this.DONE) {
if(this.status == 200) {
}
}
}
```

A partir de este punto, podemos obtener los datos en dos formatos: texto plano y XML. Las propiedades para acceder a los datos son, respectivamente, *responseText* y *responseXML*.

AJAX CON PHP Y JQUERY

En este capítulo veremos cómo utilizar Ajax con PHP y jQuery. Presupongamos que usted tiene un servidor web instalado, como por ejemplo el Apache y el lenguaje PHP también debidamente instalado y habilitado. Además de también deberá tener un conocimiento mínimo de los lenguaje JavaScript y PHP.

- jQuery es una biblioteca JavaScript creada por Juan Resig.
- PHP es un lenguaje de programación del lado del servidor creado por Rasmus Lerdof.

Nuestro objeto es crear un archivo HTML incluyendo la biblioteca jQuery y crear un petición AJAX simple a través del método $.ajax() "apuntando" hacia el archivo PHP llamado script.php. Obtendremos como respuesta un texto plano con el valor de la variable global $_POST.

La estructura de archivos que veremos a continuación le facilitará la comprensión de lo que vamos a hacer:

```
/var/www/
   proyecto/
      script.php
      indexhtml
```

Utilizaremos el HTML que vemos a continuación como modelo.

```html
<!DOCTYPE html>
<html lang="Es-es">
   <head>
      <title>Ajax con PHP</title>
      <meta charset="utf-8">
   </head>
   <body>
```

```
<script
src="//ajax.googleapis.com/ajax/libs/jquery/2.1.7/jquery.min.js"></
script>
  <script type="text/javascript">
  //
  // aqui pondremos nuestro codigo JavaScript
  //
  </script>
  </body>
</html>
```

El método *ajax()* acepta un objeto JavaScript como parámetros conteniendo la configuración de su llamada Ajax.

var request = $.ajax({

> *//*
> *// la propiedad `url` es local, archivo, script, objetivo de su HTTP.*
> *//*
> *url: "script.php",*
>
> *//*
> *// La propiedad `type` es el verbo HTTP (GET, POST, HEAD, etc...)*
> *//*
> *type: "POST",*
>
> *//*
> *// La propiedad `data` son los datos de su aplicacion*
> *//*
> *data: "campo1=dato1¨campo2=dato2¨campo3=dato3",*
>
> *//*
> *// La propiedad `dataType` se refiere al tipo de dato que el servidor debe devolver a la HTTP.*
> *//*
> *dataType: "html"*

```
});

//
// el método `done()` recibe una function de callback
// que se ejecutará en caso de que la peticion tenga exito.
//
request.done(function(respuesta) {
  console.log(respuesta)
});

//
// El método `fail()` recibe una función de callback
// que se ejecutara en caso de que la peticion falle.
//
request.fail(function(jqXHR, textStatus) {
  console.log("Request failed: " + textStatus);
});

//
// El método `always()` recibe una funcion de callback
// que se ejecutara cuando la peticion de exito este completa.
//
request.always(function() {
  console.log("completado");
});
```

Podemos encadenar los métodos done(), fail() y always() haciendo el código más resumido como podemos ver a continuación:

```
$.ajax({
  url: "script.php",
  type: "POST",
  data: "campo1=dato1"campo2=dato2"campo3=dato3",
  dataType: "html"

}).done(function(respuesta) {
  console.log(respuesta);
```

```
}).fail(function(jqXHR, textStatus ) {
  console.log("Request failed: " + textStatus);

}).always(function() {
  console.log("completado");
});
```

La petición apunta hacia un archivo en PHP denominado script.php que contiene el siguiente código.

```
var_dump($_POST);
```

Los datos de respuesta, en nuestro ejemplo, serán los siguientes:

```
array (size=3)
'campo1' => string 'dato1' (length=5)
'campo2' => string 'dato2' (length=5)
'campo3' => string 'dato3' (length=5)
```

MÉTODOS MÁS CORTOS CON JQUERY

JQUERY.POST

```
$.post("script.php",
"campo1=dato1¨campo2=dato2¨campo3=dato3", function( data ) {
console.log(data);
});
```

Para probar el código de arriba, utilice el script.php de abajo.

```
<?echo
var_dump($_POST);
```

JQUERY.GET

```
$.get("script.php", "campo1=dato1"campo2=dato2"campo3=dato3",
function( data ) {
console.log(data);
});
```

Para probar el código de arriba, utilice el script.php de abajo.

```
<?echo
var_dump($_GET);
```

JQUERY.GETJSON

```
$.getJSON("script.php",
"campo1=dato1"campo2=dato2"campo3=dato3", function( data ) {
console.log(data);
});
```

Para probar el código de arriba el script.php debe retornar una string JSON, algo parecido al ejemplo que vemos a continuación.

```
<?php
echo json_encode(array("nombre" => "Pedrito", "edad" =>
"Veinticinco años"));
```

BACKBONE. UN FRAMEWORK MVC PARA JAVASCRIPT.

Backbone es un Framework más popular de JavaScript que le permiten crear MVC (modelo-vista-controlador) como aplicaciones y aplicaciones de una sola página. Los principales componentes de Backbone.js son el Modelo, Vista, Colección, Router y los objetos de la clase Event.

En Backbone, un modelo almacena los datos que se recuperan desde el servidor mediante *RESTful JSON* y se asocia con la vista. La vista renderiza el HTML mediante el uso de plantillas JavaScript o renderizando el framework y gestionando los eventos desencadenados en los elementos del mismo. El router es como como controlador y es el responsable de manejar una determinada URL y diciéndole al framework que código debe ejecutarse para esa URL. Los eventos es un módulo que se puede mezclar con cualquier objeto para enlazar y disparar eventos con nombre personalizado.

PUNTOS CLAVE SOBRE EL BACKBONE

- Tiene una dependencia fuerte con el Underscore.js para hacerse más funcional y soporta una serie de operaciones basadas en la recolección de utilidades.
- Tiene una dependencia suave con jQuery.
- Se puede actualizar el código HTML de la aplicación de forma automática cuando el modelo cambia.

- Utiliza plantillas JavaScript o renderiza el framework desde el lado cliente para renderizar el html que evita tener que embeber el código HTML dentro del código JavaScript.
- Ofrece una manera significativamente limpia y elegante para poder manipular el DOM y las actualizaciones de la interfaz de usuario.

¿POR QUÉ ELEGIR EL FRAMEWORK BACKBONE?

Backbone le permiten desarrollar una aplicación web mediante el uso de JavaScript con el conjunto mínimo de datos de estructuración (modelos y colecciones) y con la interfaz de usuario (vistas y URL) primitivas. Backbone es lo mejor para desarrollar MVC (modelo-vista-controlador) como aplicaciones web o aplicaciones web de una sola página o aplicaciones web complejas de JavaScript de una manera más organizada, estructurada y sin código JavaScript mezclado con HTML. Ya que desacopla su aplicación entre modelos y vistas que renderizan el modelo de datos.

El Backbone hace un uso intensivo de la biblioteca Underscore.js, la cual es su mayor dependencia. El framework también necesita la biblioteca jQuery, de la que tiene una menor dependencia.

Es aconsejable el estudio del Backbone aquellas personas que ya tienen bastante experiencia en el mundo de la programación ya que se sentirá más tranquilo si:

- Conoce el paradigma MVC (Model, View y Controller)
- Conoce el jQuery
- Tener práctica con las consolas de los navegadores (Firefox o Chrome)

- Estar familiarizado con el concepto RESTfull (lo usaremos en los models)

Para conocer mejor el uso y la potencia de Backbone dividiremos la información en los siguientes capítulos:

- Views
- Views y templates
- Views y events
- Models
- Models y events
- Collections
- Collections y events
- Persistiendo los datos (peticiones AJAX a través de la API REST)
- Sync (peticiones AJAX a través de la API definida por el usuario)
- Routers
- Setup inicial

La estructura básica de una aplicación realizada con Backbone.js es la siguiente:

```
▲  ⊕ D:\Backbone
    ▲  📁 css
           📄 site.css
    ▲  📁 js
        ▲  📁 lib
               🗋 backbone.js
               🗋 jquery.js
               🗋 underscore.js
           🗋 application.js
           🗋 collections.js
           🗋 init.js
           🗋 models.js
           🗋 routers.js
           🗋 views.js
       🗋 index.html
```

Abajo tenemos un archivo HTML que nos servirá como esqueleto (matriz) para probar el framework Backbone.

```
<!DOCTYPE HTML>
<html>
 <head>
  <meta charset="UTF-8">
  <title>Título</title>
 </head>
 <body>

  <!-- 1) su HTML "normal" -->
  <!-- 2) las dependencias -->
  <script src="js/jQuery.js"></script>
  <script src="js/underscore.js"></script>
  <script src="js/backbone.js"></script>
```

```
<!-- 3) su script -->
  <script type="text/javascript">

    //
    // su código
    //

  </script>


  </body>
</html>
```

Cómo puede percibir, necesitará, además del propio Backbone, de las bibliotecas jQuery y Underscore.

Si prefiera puede bajar cada una individualmente en sus respectivas webs.

Pero si quiera pasar rápido por esta etapa, podrá utilizar algún canal de CDN, vea el ejemplo de abajo.

```
...
...
...
  <!-- 2) las dependencias -->
  <script
src="https://cdnjs.cloudflare.com/ajax/libs/jquery/2.1.4/jquery.js">
</script>
  <script
src="https://cdnjs.cloudflare.com/ajax/libs/underscore.js/1.6.2/under
score-min.js"></script>
  <script
src="https://cdnjs.cloudflare.com/ajax/libs/backbone.js/1.2.0/backbon
e-min.js"></script>
...
```

...

...

HELLO WORLD

No sé si eso del "Hola Mundo" está bien, pero le servirá para realizar una prueba inicial.

```html
<html>
  <head></head>
  <body>

    <script
src="https://cdnjs.cloudflare.com/ajax/libs/jquery/2.4.2/jquery.js">
</script>
    <script
src="https://cdnjs.cloudflare.com/ajax/libs/underscore.js/1.6.2/under
score-min.js"></script>
    <script
src="https://cdnjs.cloudflare.com/ajax/libs/backbone.js/1.2.0/backbon
e-min.js"></script>

    <script>

    console.log(Backbone);

    </script>

  </body>
</html>
```

LO QUE VEREMOS A PARTIR DE AHORA

Aún en la onda del "Hola Mundo", quería mostrarle una previa de lo que está por venir y de cómo es la estructura básica de un pequeño ejemplo escrito en Backbone (JavaScript).

Comenzamos definiendo un modelo (model) y, enseguida, definimos una colección (collection). Después de eso, definimos la vista (view), es esta la que es la responsable por iniciar su aplicación. No sé si podemos considerar este ejemplo como una aplicación, ya que solamente veremos pequeños trozos de códigos.

```
//
// Model
//
Amigo = Backbone.Model.extend({
    ...
    ...
    ...
});

//
// Collection
//
Amigos = Backbone.Collection.extend({
    ...
    ...
    ...
});

//
// View
//
AppView = Backbone.View.extend({
    ...
```

```
...
...
});
```

```
//
// aquí es donde se inicializa su aplicacion Backbone.
//
var appview = new AppView;
```

Los elementos se conectarán, unos a los otros, a través de los eventos. Models y Collections tienen eventos que al ser disparados pueden ejecutar funciones de callback que, por su parte, pueden hacer algo interesante como, por ejemplo, renderizar una view.

Las views también tienen eventos, pero estos se refieren a los "listeners" que habitualmente anexionamos a los elementos HTML y que ya deben formar parte de su día a día como programador JavaScript.

Otra particularidad de las views son los templates. En este caso puede hacer una lectura de la documentación del Underscore. Podemos decir que el Backbone extiende los templates del Underscore y buena parte de lo que usted necesita saber sobre estos lo encontrará en la documentación del Underscore.

VIEWS

Este capítulo es un primer paso con las views del framework y, también, un primer contacto con el propio framework.

Las Views son las partes de su programa que, normalmente, pueden ser reutilizadas. Probablemente, tendrán algunos eventos y también estarán asociadas a un Modelo de datos.

Una view puede incluir otras views anidadas y también puede tener ninguno, uno o varios templates.

Los templates son las partes HTML que componen la View. Para facilitar la comprensión, tenga en mente lo siguiente:

- Los Templates nos recuerdan a pequeños trozos en HTML
- Las Views nos recuerdan a un objeto en JavaScript que controla un conjunto de templates intrínseco.

CREANDO Y DEFINIENDO UNA VIEW

El código de abajo define un objeto de vista (view), este es nuestro punto de partida.

var ViewEjemplo = Backbone.View.extend({

});

Ahora, necesitamos definir los métodos del objeto View. Vamos a definir, por ejemplo, el método *initialize()* que siempre se ejecutará cuando hagamos una instancia de la view.

```
var ViewEjemplo = Backbone.View.extend({
    initialize: function() {
        document.write('conociendo las views del backbone');
    }
});
```

Para surtir efecto, creamos la instancia de esa forma:

```
var view1 = new ViewEjemplo();
```

Juntando todo, tenemos un ejemplo minimalista para utilizar las views del Backbone.

```
//
// Nuestro objeto de la vista
//
var ViewEjemplo = Backbone.View.extend({

// El método `initialize` siempre será ejecutado
// al instanciar la clase View
initialize: function() {
// Vamos a escribir algo básico en nuestra página HTML
document.write('conociendo las views del backbone');
}
});

// Instanciamos el módulo.
var view1 = new ViewEjemplo();
// Después de la ejecución de la línea de arriba, podremos ver
// el resultado renderizado en el navegador.
```

MÉTODO RENDER()

El ejemplo de abajo es una extensión del ejemplo anterior, estamos utilizando la función *render* para generar el contenido.

```
var ViewEjemplo = Backbone.View.extend({
initialize: function() {
this.render();
},
render: function() {
document.write('conociendo las views del backbone');
}
});
var view1 = new ViewEjemplo();
```

LA PROPIEDAD EL

En el próximo ejemplo, estamos haciendo uso de la propiedad *el*, dentro del objeto view la propiedad puede ser acessada de esa forma $(this.el)...

```
var ViewEjemplo = Backbone.View.extend({
el: $("body"),
initialize: function() {
this.render();
},
render: function() {
// Atento a esta línea
$(this.el).html("conociendo las views del backbone");
}
});
var view1 = new ViewEjemplo();
```

...pero lo correcto sería utilizar la propiedad directamente como mostrados mostrozos en el ejemplo de abajo.

```
var ViewEjemplo = Backbone.View.extend({
el: $("body"),
initialize: function() {
this.render();
```

```
},
rendir: function() {
// Esa es la forma más adecuada
// para referenciar el control
this.$el.html("conociendo las views del backbone");
}
});
var view1 = new ViewEjemplo();
```

VIEWS Y TEMPLATES

Este capítulo es un segundo paso con las views del framework Backbone. En este capítulo veremos lo que son los templates, códigos de ejemplo y como almacenar templates en el propio archivo HTML.

Podemos decir que los templates son pequeños trozos de HTML controlados por la View.

Las views deben trabajar alineadas a uno o más templates.

Iniciamos un template a partir de la biblioteca underscore de esta forma: _.template().

```
var ViewEjemplo = Backbone.View.extend({
el: $("body"),
// Definimos el template
template: _.template("<%= content %>"),
initialize: function() {
this.render();
},
render: function() {
// Por curiosidad,
// deshabilite la línea de abajo y vea como es la salida en la consola.
// console.log(this.template({content: 'conociendo las views del backbone'}))

// Renderizando el HTML
this.$el.html(this.template({content: 'conociendo las views del backbone'}));
// La línea de arriba, codificada de esta manera, está un poco ilegible
// vea el próximo ejemplo como está más claro, a pesar de utilizar más variables
}
```

```
});
var view1 = new ViewEjemplo();
```

El ejemplo de abajo es semejante al de arriba, las modificaciones suceden en la función render. Creamos variables extras (datos y html) para hacer el ejemplo y el propio código más significativo.

```
...
render: function() {

// Creamos una variable para acomodar nuestra fuente de datos
var datos = {content: 'conociendo las views del backbone'};

// Evocamos el método `template()` que retornará nuestro HTML
(cómo string)
// creado a partir de la variable `dados`
var html = this.template(datos);

// Renderizando el HTML
this.$el.html(html);
// Ahora sí, tenemos una línea mucho más legible

}
...
```

OTRA PERSPECTIVA

En este ejemplo, vamos a utilizar la propiedad *tagName* en el lugar de la propiedad *el*.

También cambiamos un poco el template y, consecuentemente, el método render.

Pero la diferencia está en cómo vemos el resultado. En vez de renderizar la view, muestra trozos del HTML generado en la consola del navegador.

```
var ViewEjemplo = Backbone.View.extend({
    tagNombre: 'body',
    template: _.template("<h2><%= title %></h2><p><%= content %></p>"),
    render: function() {

        var dados = {
            title: "Cualquier Título",
            content: "Cualquier Contenido"
        }

        this.$el.html(this.template(datos));
    }
});

//
// Aqui está la diferencia
//

// Instanciamos normalmente, pero...
var view1 = new ViewEjemplo();

// como no definimos el método `initialize`
// tenemos que evocar el método `render()`
view1.render();

// y mostramos el resultado en la consola del navegador
console.log(view1.el);
```

Y el resultado es semejante a este que vemos a continuación:

```
<body>

  <h2>Cualquier Título</h2>

  <p>Cualquier Contenido</p>

</body>
```

Una observación, el resultado de arriba fue obtenido de la consola del Chrome, la consola del FireFox solamente nos muestra el <body>, pero usted puede hacer clic encima y chequear las demás propiedades, inclusive la propiedad childNodes.

TEMPLATES ALMACENADOS EN EL PROPIO ARCHIVO HTML

Una otra forma de utilizar templates es almacenándolos en el mismo archivo HTML.

Creamos templates más elaborados utilizando la tag *<script>* junto con la propiedad *type* configurada con el valor *text/template*, veamos el ejemplo:

<script type="text/template">

Tal propiedad no será reconocida por los navegadores y el HTML insertado entre las tag *<script>* no será renderizado, es decir, no será visible.

Para mostrar el template, o mejor, renderizar el template, necesitamos de una tag extra que servirá como un "container".

Veamos el ejemplo de abajo, el template es denominado *formulario-template* y será renderizado en la tag *container* denominada *formulario-container*.

```
...
<body>

  <!-- Template -->
  <script type="text/template" id="formulario-template">
   <label>Buscar</label>
   <input type="text" id="txtTermino" />
   <input type="button" id="btnBuscar" value="Buscar" />
  </script>

  <!-- Container donde el template será renderizado -->
  <div id="formulario-container"></div>
...
```

El código para recuperar elemento script se utiliza de la función *.html()* de la biblioteca jQuery.

```
$("#formulario-template").html()
```

Pasamos el resultado de la función al método *_.template()* del Underscore y el resultado de este, por su parte, podrá ser pasado hacia el *this.$el.html();*

```
_.template( $("#formulario-template").html(), {} )
var BuscarView = Backbone.View.extend({
// Este es el elemento que servirá de container
// para mostrar el template
el: $("#formulario-container"),
initialize: function(){
this.render();
},
render: function(){
```

```
// Recuperamos el template a través del jQuery y
// pasamos el resultado hacia la función `_.template` del Underscore
this.template = _.template( $("#formulario-template").html(), {} );

// Renderizando el HTML
this.$el.html( this.template );
}
});
var Busqueda_view = new BuscarView();
```

VIEWS Y EVENTOS

En este capítulo veremos cómo atribuir funciones a los eventos de una vista (view) en Backbone.

Obviamente, sus vistas tendrán elementos que tendrán como objetivo recibir algún tipo de evento del usuario. Con Backbone hay 2 o 3 formas para atribuir los eventos. Pero la primera forma que debe aprender es la que utiliza la propiedad events de las Views.

Los templates del Backbone tienen el método events() y el formato debe seguir el esquema abajo.

```
var CualquierVista = Backbone.View.extend({
el: {},
initialize: function(){
},
//
// Utilice la propiedad `events` para delegar eventos
// a los elementos de su view
//
events: {
"tipo-de-evento" : "función de callback",
"tipo-de-evento id-elemento" : "función de callback",
etc...
},
render: function(){
}
});
var search_view = new SearchView();
```

EJEMPLO

Observe el siguiente formulario.

Search [   ] Buscar

El trozo de HTML equivalente es el que vemos a continuación.

```
...
  <body>

    <!-- Template -->
    <script type="text/template" id="formulario-template">
      <label>Search</label>
      <input type="text" id="txtTermino" />
      <input type="button" id="btnBuscar" value="Buscar" />
    </script>

    <!-- Container donde el template será renderizado -->
    <div id="formulario-container"></div>
  ...
```

Nuestro objetivo es atribuir un evento al botón para que, cuando sea disparado, ejecute una función que deberá mostrar en la consola el contenido de la caja de texto, por tanto, deje la consola de JavaScript abierta para poder ver los resultados.

Tenemos un botón en nuestro template, ¿Cómo atribuiremos un evento a este?

Añadimos el evento click al botón #searchInput como podemos en el código de a continuación.

```
var VistaBuscar = Backbone.View.extend({
el: $("#formulario-container"),
initialize: function(){
this.render();
},
render: function(){
this.template = _.template( $("#formulario-template").html(), {} );
this.$el.html( this.template );
},
//
// Delegando eventos
//
events: {
// Evento click para el único botón del template
// ejecutamos el callback `doSearch` cuando se dispara el evento
"click input[type=button]": "doSearch"
},
//
// Función de callback para el evento del botón
//
doSearch: function( event ){
console.log( "Buscar por " $("#txtTermino").val() );
}

});
var search_view = new SearchView();
```

Vea el resultado del código de arriba ilustrado por la imagen de abajo.

Search `10`   Buscar

Inspector **Console** ▾ Debugger Style Editor Canv

■ Net ▾ ▣ CSS ▾ ▣ JS ▾ ■ Security ▾ ▣ Logging ▾ ▣ Server

"Buscar por 123"
"Buscar por 456"
"Buscar por 789"

Un ejemplo de vista

Este ejemplo de utilización de las Views del Backbone es bastante simple y sólo utilizaremos la clase View.

El objetivo de esta minúscula aplicación es insertar elementos de lista conforme tecleamos el contenido en una caja de texto.

Lista

```
789                          Salvar
        • 123
        • 456
        • 789
```

El ejemplo es tan simple que se puede mostrar en un único archivo HTML, vea el código.

```
<!DOCTYPE HTML>
<html>
  <head>
    <meta charset="UTF-8">
    <title>Título</title>
  </head>
  <body>

    <! – Trozo de HTML referente a la vista (view) -->
    <div id="app-container">
     <h2>Lista</h2>

     <input type="text" id="txt-item" />
     <input type="button" id="btn-guardar" value="Guardar"
/>
```

```
<ul id="lista-container"></ul>
</div>

<!-- bibliotecas -->
<script
src="https://ajax.googleapis.com/ajax/libs/jquery/1.9.1/jquery.min.js
"></script>
<script
src="http://documentcloud.github.com/underscore/underscore-
min.js"></script>
<script
src="http://documentcloud.github.com/backbone/backbone-
min.js"></script>

<! – código fuente -->
<script type="text/javascript">

var AppView = Backbone.View.extend({
  el: $("#app-container"),

  initialize: function(){
    this.$lista   = $('#lista-container');
    this.$txtItem = $('#txt-item');
  },

  events: {
    "click #btn-guardar" : "Guardar"
  },

  guardar: function() {
    var li = "<li>" + this.$txtItem.val() + "</li>";
    this.$lista.append(li);
  }
});
var app_view = new AppView();
</script>
```

```
    </body>
  </html>
```

Yo creo que el código dispensa explicaciones, pero en todo si vamos allá...

Mi vista (view) quedará guardada en la variable *AppView* ya que esta representa a la aplicación ("app"). El elemento principal de la view es el div *"#app-container"*. El método *initialize()* está iniciando dos variables, una referencia a la tag lista (ul), otra referencia a la caja de texto. Usamos la propiedad *events* para definir el evento del botón. Implementamos el método de callback *guardar()*.

MODELS

En el paradigma MVC, los models se refieren al modelo, a los datos, a las reglas de negocio... en el Backbone no es diferente.

Podemos definir un model como si fuera una clase (ya que posteriormente será instanciada) de esa forma:

var Persona = Backbone.Model.extend({ });

Al definir la clase, podemos utilizar todos los métodos disponibles en el Backbone, por ejemplo el método *initialize()*.

```
Persona = Backbone.Model.extend({
initialize: function(){
console.log("model inicializado");
}
});
```

Al instanciar la clase, vemos el log del mensaje.

```
var persona = new Person({ nombre: "Pedro", edad: 67});
// "model inicializado"
```

MÉTODO SET()

Podemos pasar un objeto con los valores al constructor, como podemos ver en el ejemplo siguiente.

```
var persona = new Persona({ nombre: "Pedro", edad: 35});
console.log(persona.attributes)
// Objecto { nombre: "Pedro", edad: 35 }
```

Podríamos también utilizar el método *set()* pasando el objeto con los datos al método.

```
var persona = new Persona();
person.set({ nombre: "Pedro", edad: 35});
console.log(persona.attributes)
// Objecto { nombre: "Pedro", edad: 35 }
```

También podemos utilizar el método *set()* de manera separada para cada propiedad.

```
var persona = new Persona();

persona.set('nombre', 'Pedro');

persona.set('edad', 35);

console.log(persona.attributes)

// Objecto { nombre: "Pedro", edad: 35 }
```

MÉTODO GET()

El método *get()* accede al valor de la propiedad, según nuestro ejemplo, usaríamos el siguiente código:

```
console.log(persona.get('nombre'));

console.log(persona.get('edad'));

// "Pedro"

// 35
```

OTRO EJEMPLO

En el ejemplo de a continuación estamos incluyendo el método *log()* sólo para ilustrar que podemos incluir métodos definidos por el desarrollador.

```
var Cancion = Backbone.Model.extend({
nombre: '',
autor: '',
log: function () {
console.log('música: ' this.get('nombre') ', autor: ' this.get('autor'))
}
});
var musica01 = new Cancion({
nombre: 'Canción No 1',
autor: 'Pedro García'
});
var musica02 = new Cancion({
nombre: 'Cancion 2',
autor: 'Pedro García y Manuel Pérez'
})
var musica03 = new Cancion({
nombre: 'Cancion 3',
autor: 'Otro Músico Más...'
})
```

Para poder ver los resultados añadimos el siguiente código.

```
console.log(musica01.toJSON());
console.log(musica02.toJSON());
console.log(musica03.toJSON());
// Object { nombre: "Cancion 1", autor: "Pedro García" }
// Object { nombre: "Cancion 2", autor: "Pedro García y Manuel Pérez" }
// Object { nombre: "Cancion 3", autor: "Otro Músico más..." }
```

Note que método el *toJSON()* no devuelve una string JSON, sino devuelve un objeto para ser convertido en JSON.

Pensando en eso, debemos utilizar el método *JSON.stringfy()* para obtener strings JSON, como podemos ver a continuación.

```
console.log(JSON.stringify(musica01.toJSON()));
console.log(JSON.stringify(musica02.toJSON()));
console.log(JSON.stringify(musica03.toJSON()));
// "{"nombre":"Cancion 1","autor":"Pedro García"}"
// "{"nombre":"Cancion 2","autor":"Pedro García y Manual
Pérez"}"
// "{"nombre":"Cancion 3","autor":"Otro Músico más..."}"
```

Por otro lado, podemos simplificar el código de arriba como podemos ver a continuación.

```
console.log(JSON.stringify(musica01));
console.log(JSON.stringify(musica02));
console.log(JSON.stringify(musica03));
// "{"nombre":"Cancion 1","autor":"Pedro García"}"
// "{"nombre":"Cancion 2","autor":"Pedro García y Manuel
Pérez"}"
// "{"nombre":"Cancion 3","autor":"Otro Músico más..."}"
```

MODELS Y EVENTOS

En este capítulo veremos cómo funcionan los eventos de los models (modelos) del framework Backbone.

Los modelos tienen eventos, a continuación veremos dos eventos: *change* y *change:[atributte],* consulte la documentación del Backbone para ver la lista completa de eventos.

El evento *change* escuchará las modificaciones que sucedan en cualquier propiedad del modelo.

El evento *change:[attribute]* escuchará las modificaciones en determinada propiedad, no interfiriendo en las demás.

Para hacer la conexión entre el evento y la función de callback podemos utilizar una de esa dos funciones: *listenTo()* u *on()*.

A continuación vamos a utilizar la función *on()*.

```
//
// ejemplo de un modelo simple
//
var Persona = Backbone.Model.extend({

// Valores estándar que están atribuidos al instanciar el objeto
defaults: {
nombre: '',
edad: 0
},

//
initialize: function(){

// Escuchando las modificaciones en la propiedad `nombre`
```

```javascript
this.on("change:nombre", function(model){
console.log("Modificar el nombre por: " model.get('nombre'));
});

// Escuchando las modificaciones en la propiedad `edad`
this.on("change:edad", function(model){
console.log("Modificar la edad por: " model.get('edad'));
});

}
});

// Instanciando
//
// Note que el constructor del evento NO se dispara.
var persona = new Persona({ nombre: "Manuel", edad: 32});

// Al modificar el modelo
persona.set({ nombre: "Juan" });
persona.set({ nombre: "Miguel", edad: 53});

// ...percibimos en la consola del navegador que los
// eventos están siendo disparados:
//
// "Modificar nombre por: Juan"
// "Modificar nombre por: Miguel"
// "Modificar edad por: 53"
```

MODELS Y VIEWS

En este capítulo veremos un ejemplo de integración del Model (modelo) y de la View (vista) del framework Backbone. El objetivo es demostrar cómo funciona el evento *change* de los modelos y como este puede interactuar con la vista.

La primera cosa que haremos es utilizar la función *on()* para delegar una función al evento *change* del modelo. El siguiente código fuente seguro que ya le resulta familiar.

```
//
// Model
//
Persona = Backbone.Model.extend({
initialize: function () {
console.log('model inicializado');
}
});

//
// Vista
//
var ViewFormulario = Backbone.View.extend({

initialize: function () {
// instanciando un nuevo modelo
this.model = new Persona();

// Escuchando el evento `change`.
// Cada modificación en el modelo la función
// de callback `render()` se ejecutará
this.model.on('change', this.render, this);
},
```

```
render: function () {
console.log('ya esta renderizado');
}
});

//
// Instanciamos la Vista
//
var view = new ViewFormulario();
```

Cada modificación en el modelo la función de callback render() se ejecutará. Podemos confirmar eso con siguiente trozo de código que vemos a continuación.

```
view.model.set('nombre', 'Juan');
"Ya se ha renderizado"
view.model.set('nombre', 'Miguel');
"Ya se ha renderizado"
view.model.set('nombre', 'Manuel');
"Ya se ha renderizado"
```

UN EJEMPLO MÁS COMPLETO

A continuación construiremos un formulario con dos campos de textos: nombre (nombre) y edad (edad).

El formulario web depende de la tag <formulario>, pero en este ejemplo esta no es necesaria. Veamos el siguiente código HTML:

```
<div id="app-container">
  <h2>Formulario</h2>
  <label>Nombre: <input type="text" id="txtNombre" /></label>
  <label>Edad: <input type="text" id="txtEdad" /></label>
</div>
```

En el JavaScript, construiremos un modelo denominado Persona. Nuestra vista trabajará con el elemento HTML #app-container, inicializará los campos de texto y el modelo. La función render() será la encargada de actualizar la vista.

También vamos a utilizar el evento change del modelo, este escucha las modificaciones en cada propiedad. Pero usted también podrá escuchar la modificación en una determinada propiedad, sin interferir en las demás. Para eso, debe colocar el nombre de la propiedad a continuación del evento, ejemplo: change:edad.

```
//
// Definiendo un modelo
//
var Persona = Backbone.Model.extend({
defaults: {
nombre: '',
edad: 0
}
});

//
// Definiendo una vista
//
var AppView = Backbone.View.extend({
// este es el elemento principal
el: $('#app-container'),
// ejecutado al instanciar la vista
initialize: function () {

// almacenandolos  campos de textos
this.$txtNombre = this.$el.find('#txtNombre');
this.$txtEdad = this.$el.find('#txtEdad');

// almacenando el modelo
this.model = new Persona({});
```

```
// el modelo escucha el evento `change`, forma 1:
//this.listenTo(this.model, 'change', this.render);

// el modelo escucha el evento `change`, forma 2:
this.model.on('change', this.render, this);
},
// lógica de renderización
render: function () {
this.$txtNombre.val(this.model.get('nombre'));
this.$txtEdad.val(this.model.get('edad'));
}
});


//
// Iniciamos la aplicación
//
var view = new AppView();
```

Note que para "conectar" el evento *change* del modelo podemos utilizar una de las siguientes funciones: *listenTo()* u *on()*, vea la documentación del Backbone para mayor detalle.

Es exactamente en este punto donde sucede la "mágica". Le hemos dicho al programa que cada modificación en el modelo la vista (nuestro formulario) debe ser actualizada.

Tenemos que resaltar que el evento *change* escucha todas las propiedades del modelo, que decir, la modificación en una o más propiedades dispararán el evento y, consecuentemente, renderizará la vista.

Nuevamente, si modificamos el modelo, nuestra vista se actualizará.

```
//
// Experimente alterar el modelo para ver
// el formulário siendo atualizado.
```

```
//
view.model.set({nombre: 'Juan', edad: 32});
view.model.set({nombre: 'Miguel', edad: 35});
view.model.set({nombre: 'Manuel', edad: 53});
```

COLLECTIONS

Las collections son colecciones de modelos (models), por lo tanto debemos añadir modelos las colecciones, veamos el siguiente ejemplo.

```
//
// Instanciando una colección
//
var coleccion = new Backbone.Collection();

console.log(coleccion.length) // 0

//
// añadiendo modelos
//
coleccion.add([{id: 1, Nombre: 'juan', Apellido: 'Pardo'}])
coleccion.add([{id: 2, Nombre: 'julio', Apellido: 'Iglesias'}])
coleccion.add([{id: 3, Nombre: 'Carlos', Apellido: 'Sesto'}])
coleccion.add([{id: 4, Nombre: 'Manolo', Apellido: 'Escobar'}])

console.log(coleccion.length) // 4
```

También podemos definir la clase de la colección para ser, posteriormente, instanciada, veamos el ejemplo de abajo. Note que, también utilizamos el método *extend()* del objeto *Backbone.Collection*, y omitimos la palabra *new*. Al definir la clase, aprovechamos para definir el método *initialize()*.

```
//
// Definiendo una colección
//
var Coleccion = Backbone.Collection.extend({
initialize: function() {
console.log('colección inicializada');
```

```
}
});
```

```
//
// Instanciando una colección
//
var coleccion = new Coleccion()
```

El código de arriba generará la siguiente salida en la consola del navegador:

"colección inicializada"

También podemos crear una colección a partir de un array de modelos, veamos el ejemplo de abajo. Esto tiene bastante sentido, ya que si las *collections* son colecciones de modelos, entonces tendremos que crear algunos modelos antes de crear nuestra colección.

```
//
// Un modelo simple
//
var ClasicoEspanoles = Backbone.Model.extend({
defaults: {
trabajo: 'musicos'
}
});
```

```
//
// Instanciando cada modelo
//
var juan = new ClasicosEspanoles({id: 1, Nombre: 'juan', Apellido:
'Pardo'});
var julio = new ClasicosEspanoles({id: 2, Nombre: 'julio', Apellido:
'Iglesias'});
var Carlos = new ClasicosEspanoles({id: 3, Nombre: 'Carlos',
Apellido: 'Sesto'});
```

```
var Manolo = new ClasicosEspanoles({id: 4, Nombre: 'Manolo',
Apellido: 'Escobar' });
```

```
//
// Creando nuestra collection
// a partir de un array de modelos
//
var theClasicosEspanoless = new Backbone.Collection([juan, julio,
Carlos, Manolo]);
```

MÉTODO GET()

El método *get()* accede a un modelo específico, pero para eso necesitamos definir la propiedad *id*.

```
var juan = theClasicosEspanoles.get(1);
console.log(juan.attributes);
// Object { id: 1, Nombre: "juan", Apellido: "Pardo" }
```

VISUALIZANDO LA COLECCIÓN

Una manera simple de visualizar la colección en la consola del navegador es codificar (*stringfy*) los objetos en el formato JSON, para eso ejecute el comando que vemos a continuación.

```
console.log(JSON.stringify(coleccion.models));
```

El resultado del código de arriba es similar a:

```
"[{"id":1,"Nombre":"juan","Apellido":"Pardo"},
{"id":2,"Nombre":"julio","Apellido":"Iglesias"},
{"id":3,"Nombre":"Carlos","Apellido":"Sesto"},
```

{"id":4,"Nombre":"Manolo","Apellido":"Escobar"}]"

RECORRIENDO LA COLLECTION

Por naturaleza, una colección puede ser iterada, es decir, recorrida.

Podemos recorrer la *collection* con la función *forEach()*, como podemos ver en el ejemplo de a continuación.

```
//
// forEach()
//
theClasicosEspanoless.forEach(function(model, index){
console.log(index " - " model.get('Apellido'));
});
```

También podemos utilizar la función *each()* heredada de la biblioteca *underscorejs*, como podemos ver en el ejemplo de abajo.

```
//
// each()
//
theClasicosEspanoless.each(function (model, index) {
console.log(index " - " model.get('Apellido'));
});
```

También podemos usar la función *each()* de la underscore, de forma ligeramente diferente, como podemos ver a continuación.

```
//
// each() - forma diferente
//
_(theClasicosEspanoless.models).each(function(model, index){
console.log(index " - " model.get('Apellido'));
});
```

Para los programadores puristas, podemos utilizar un simple bucle *for*, como podemos ver a continuación.

```
//
// for
//
for (var i = 0; i < theClasicosEspanoless.length; i) {
console.log(i ' - ' theClasicosEspanoless.at(i).get('Apellido'));
}
```

Todos los ejemplos de arriba llegan en el mismo resultado, como puede ver a continuación:

```
"0 - Pardo"
"1 - Iglesias"
"2 - Sesto"
"3 - Escobar"
```

Note que las propiedades *index* e *id* están diferenciadas.

ORDENANDO LA COLECCIÓN

Ordenar una colección es una funcionalidad muy útil, principalmente porque podemos usar el evento *sort*, es decir, en cada nueva ordenación podemos ejecutar una función de callback.

Para ordenar la colección necesitamos llamar al método *collection.sort*, pero antes de eso es necesario decir que campo servirá de referencia. Hacemos eso atribuyendo un string con el nombre del campo a la propiedad *comparator* de la colección.

```
// Instanciar la colección
var coleccion = new Backbone.Collection();
// añadiendo los modelos
```

```
coleccion.add([{id: 1, Nombre: 'juan', Apellido: 'Pardo'}])
coleccion.add([{id: 2, Nombre: 'julio', Apellido: 'Iglesias'}])
coleccion.add([{id: 3, Nombre: 'Carlos', Apellido: 'Sesto'}])
coleccion.add([{id: 4, Nombre: 'Manolo', Apellido: 'Escobar'}])
```

A continuación vemos la colección en su estado original.

```
// Estado original
console.log(JSON.stringify(coleccion));
// "[{"id":1,"Nombre":"juan","Apellido":"Pardo"},
// {"id":2,"Nombre":"julio","Apellido":"Iglesias"},
// {"id":3,"Nombre":"Carlos","Apellido":"Sesto"},
// {"id":4,"Nombre":"Manolo","Apellido":"Escobar"}]"
```

A continuación vemos la colección ordenada por la propiedad *Nombre*.

```
// ordenado por `Nombre`
coleccion.comparator = "Nombre";
coleccion.sort();
console.log(JSON.stringify(coleccion));
// "[{"id":3,"Nombre":"Carlos","Apellido":"Sesto"},
// {"id":1,"Nombre":"juan","Apellido":"Pardo"},
// {"id":2,"Nombre":"julio","Apellido":"Iglesias"},
// {"id":4,"Nombre":"Manolo","Apellido":"Escobar"}]"
```

A continuación vemos la colección ordenada por la propiedad *Apellido*. Coincidentemente, el resultado es igual al anterior.

```
// ordenado por `Apellido`
coleccion.comparator = "Apellido";
coleccion.sort();
console.log(JSON.stringify(coleccion));
// {"id":4,"Nombre":"Manolo","Apellido":"Escobar"}]"
// {"id":2,"Nombre":"julio","Apellido":"Iglesias"},
// {"id":1,"Nombre":"juan","Apellido":"Pardo"},
// "[{"id":3,"Nombre":"Carlos","Apellido":"Sesto"},
```

COLLECTIONS Y EVENTOS

En este capítulo veremos cómo funcionan los eventos de las collections (colecciones) del framework Backbone (JavaScript).

Así como las Views y los Models, las Collections también tienen eventos. Para una collection, podemos definir los eventos listados a continuación:

- *add* cuando un modelo es añadido a una colección
- *remove* cuando un modelo es eliminado de una colección
- *reset* cuando todo el contenido de la colección es sustituido
- *sort* cuando colección es reordenada.

Consulte la documentación del Backbone para conocer más detalles.

```
// Definiendo una colección
var TheClasicosEspanoless = Backbone.Collection.extend({
initialize: function () {

// escuchando el evento `add` de la colección
this.on('add', function (model) {
console.log('El ClasicosEspanoles \'' model.get('Nombre') '\' ha
sido añadido a la colección');
});

}
});

// Instanciando la colección
var theClasicosEspanoless = new TheClasicosEspanoless();

// Añadiendo modelos
```

```
theClasicosEspanoless.add([{id: 1, Nombre: 'juan', Apellido:
'Pardo'}])
theClasicosEspanoless.add([{id: 2, Nombre: 'julio', Apellido:
'Iglesias'}])
theClasicosEspanoless.add([{id: 3, Nombre: 'Carlos', Apellido:
'Sesto'}])
theClasicosEspanoless.add([{id: 4, Nombre: 'Manolo', Apellido:
'Escobar'}])
```

Recuerde que podemos crear la colección sin tener que definirla antes. Eso implica tener que añadir el evento *add* después de que la clase haya sido instanciada, a continuación veremos un ejemplo.

```
// Instanciar una colección
var theClasicosEspanoless = new Backbone.Collection();

// Escuchando el evento `add` de la colección
theClasicosEspanoless.on('add', function (model) {
console.log('El ClasicosEspanoles \'' model.get('Nombre') '\' ha
sido añadido a la colección');
});

//
// Añadir modelos
//
theClasicosEspanoless.add([{id: 1, Nombre: 'juan', Apellido:
'Pardo'}])
theClasicosEspanoless.add([{id: 2, Nombre: 'julio', Apellido:
'Iglesias'}])
theClasicosEspanoless.add([{id: 3, Nombre: 'Carlos', Apellido:
'Sesto'}])
theClasicosEspanoless.add([{id: 4, Nombre: 'Manolo', Apellido:
'Escobar'}])
```

Ambos códigos de arriba generarán la siguiente salida en la consola del navegador:

"El ClasicosEspanoles 'juan' ha sido añadido a la colección"
"El ClasicosEspanoles 'julio' ha sido añadido a la colección"
"El ClasicosEspanoles 'Carlos' ha sido añadido a la colección"
"El ClasicosEspanoles 'Manolo' ha sido añadido a la colección"

OTROS EVENTOS

En el ejemplo que vemos a continuación exploramos, además del evento *add*, los eventos *remove, sort* y *reset*.

```
// Definiendo la clase
var Coleccion = Backbone.Collection.extend({
initialize: function () {

// añadir un model
this.on('add', function () {
console.log('added')
});

// eliminar un modelo
this.on('remove', function () {
console.log('removed')
});

// ordenar la colección
this.on('sort', function () {
console.log('sorted')
});

// al 'resetear' la colección
this.on('reset', function () {
console.log('was-reset')
});
```

```
}
})
```

// Instanciando
var coleccion = new Coleccion();

El trozo de código que vemos a continuación es el responsable de disparar los eventos mencionados.

coleccion.add({id: 0})
// "added"

coleccion.add({id: 1})
// "added"

coleccion.add({id: 2})
// "added"

coleccion.remove(0);
"removed"

coleccion.comparator = "Nombre";
coleccion.sort();
"sorted"

coleccion.reset();
"was-reset"

EVENTOS ENTRE MODELS Y COLLECTIONS

A continuación veremos un ejemplo de interacción entre modelos (models) y colecciones (collections).

En nuestro ejemplo (The ClasicosEspanoless), el primer nombre comienza con letra minúscula, y queremos modificarlas cada que sea mayúscula.

Vamos a imaginar que la modificación en un modelo debería disparar un evento en la colección. En capítulos anteriores hemos visto que el evento *change* puede ser incorporado a un modelo. En este ejemplo, veremos cómo este puede ser incorporado en todos los modelos.

El código escucha el evento *change:[atributte]* en todos los models de la colección.

```
var coleccion = new Backbone.Collection();
coleccion.add([{id: 1, Nombre: 'juan', Apellido: 'Pardo'}]);
coleccion.add([{id: 2, Nombre: 'julio', Apellido: 'Iglesias'}]);
coleccion.add([{id: 3, Nombre: 'Carlos', Apellido: 'Sesto'}]);
coleccion.add([{id: 4, Nombre: 'Manolo', Apellido: 'Escobar'}]);

coleccion.on("change:Nombre", function(model) {
console.log("Alterado: " model.get('Nombre') " "
model.get('Apellido'));

// función para renderizar la vista (view)
});
```

Cada modificación realizada en cualquiera de los modelos disparará el evento de la colección. Recuerde que la colección podría llamar a una función para renderizar la vista (view).

En el trozo de código de a continuación veremos cómo suceden las modificaciones, para ello creamos una variable denominada ClasicosEspanoles sólo para que el código sea más didáctico, en el mundo real esta no existiría.

```
// Esta será una variable auxiliar.
var ClasicosEspanoles = {}
```

```
ClasicosEspanoles = coleccion.get(1);
ClasicosEspanoles.set('Nombre', 'Juan');

ClasicosEspanoles = coleccion.get(2);
ClasicosEspanoles.set('Nombre', 'Julio');

ClasicosEspanoles = coleccion.get(3);
ClasicosEspanoles.set('Nombre', 'Carlos ');

ClasicosEspanoles = coleccion.get(4);
ClasicosEspanoles.set('Nombre', 'Manolo');
```

El código arriba producirá la siguiente salida en la consola del navegador:

"Modificado: Juan Pardo"
"Modificado: Julio Iglesias"
"Modificado: Carlos Sesto"
"Modificado: Manolo Escobar"

UNIENDO COLLECTIONS Y VIEWS

En este capítulo veremos un ejemplo de integración de Collections (colección) y de Views (visión) del framework Backbone. El objetivo es demostrar cómo pueden interactuar la collection y la view. Haremos eso creando una lista (ul) e insertando algunos itens.

Nuestro HTML inicial será como el abajo.

```
<div id="app-container">
  <h2>The ClasicosEspanoless:</h2>
  <ul id="lista-container"></ul>
</div>
```

En el JavaScript necesitaremos crear una colección y algunos models. Después debemos definir nuestra view y en el método *render()* recorrer los elementos de la colección y en cada iteración añadiremos un elemento a la lista (li).

Si ya entendió los capítulos anteriores sobre el Backbone, entonces el código de abajo no necesitará mayores explicaciones.

```
// Collection
var theClasicosEspanoless = new Backbone.Collection();
// Models
theClasicosEspanoless.add([{id: 1, Nombre: 'juan', Apellido: 'Pardo'}]);
theClasicosEspanoless.add([{id: 2, Nombre: 'julio', Apellido: 'Iglesias'}]);
theClasicosEspanoless.add([{id: 3, Nombre: 'Carlos', Apellido: 'Sesto'}]);
theClasicosEspanoless.add([{id: 4, Nombre: 'Manolo', Apellido: 'Escobar'}]);

// View
```

```
var AppView = Backbone.View.extend({
el: $("#app-container"),
initialize: function () {
this.$lista = $('#lista-container');
this.render();
},
render: function() {
var that = this;
theClasicosEspanoless.forEach(function(model, index){
that.$lista.append('' model.get('id')
' - ' model.get('Nombre')
' ' model.get('Apellido') '');
});
}
});

//
// Instanciar la vista (view)
//
var app_view = new AppView();
```

El resultado debe ser semejante a la imagen abajo.

The ClasicosEspanoless:

- 1 - Juan Pardo
- 2 - Julio Iglesias
- 3 - Carlos Sesto
- 4 - Manolo Escobar

Un ejemplo más completo

En el ejemplo anterior creamos una colección y mostramos el resultado en la view, algo bastante trivial.

En este ejemplo daremos un paso adelante, ya sabemos cómo funcionan los eventos de las colecciones (collections), entonces vamos a atribuir una función de callback de la vista en cada modelo que se añada en la colección. En otras palabras, la colección se queda escuchando el evento *add* y ejecutará una función de callback cada vez que insertemos un modelo.

```
// Model
Amigo = Backbone.Model.extend({});

//
// Collection
//
Amigos = Backbone.Collection.extend({
// Note que estamos haciendo uso del segundo parámetro "options"
initialize: function (models, options) {
// Para cada modelo que se añada a esta colección
// ejecutamos la función callback "view.render()"
this.on('add', options.view.render, this);
}
});

// View
AppView = Backbone.View.extend({
el: $('body'),
initialize: function () {
// Creamos la colección y creamos una referencia a esta vista
// pasando cómo segundo parámetro las opciones (options).
this.Amigos = new Amigos(null, {view: this});
},
```

```
events: {
'click #add-Amigo': 'showPrompt',
},
showPrompt: function () {
// Que cosa más sobrepasadaa es esa ?
var Amigo_name = prompt(' ¿Quién es tu Amigo?');
// Creamos un objeto con el nombre suministrado por el usuario
var Amigo_model = new Amigo({nombre: Amigo_name});
// Añadimos y modelo a la colección y, consecuentemente,
// disparamos el callback definido en la collection.
this.Amigos.add(Amigo_model);
},
render: function (model) {
$('#Amigos-list').append('' model.get('name') '');
}
});

// Aquí está el punto inicial
var appview = new AppView;
```

A estas alturas del libro, las partes de código no comentados ya le deberían de ser triviales.

No podemos olvidarnos de la parte referente al HTML.

```
...
<body>
  <button id="add-friend">Añadir Amigo</button>
  <ul id="friends-list"></ul>
</body>
...
```

Sincronizando un modelo

Esta tal vez sea la parte más esperada de esta secuencia de capítulos sobre el Backbone: como realizar operaciones AJAX con el Backbone. Esa es la noticia buena, la mala es que usted debe tener un buen conocimiento sobre el REST para entender mejor lo que esta por venir. También tendrá que tener un back-end (ruby, python PHP, ASP.net, etc...) para responder a las peticiones GET, PUT, POST y DELETE.

Pero vamos con calma, aún no completando las peticiones, si usted tiene un correcto dominio de la consola del navegador podrá acompañar los resultados sin muchos problemas. Y el REST tampoco es un monstruo de 7 cabezas, me gusta decir que la práctica del REST es más fácil que la teoría. Quién sabe, esta es su oportunidad de entender el REST.

Como modelo definiremos sólo la propiedad *urlRoot* con la URL que responde al modelo. En nuestro ejemplo estamos abstrayendo una persona con el objeto *Persona*.

Persona = Backbone.Model.extend({
urlRoot: 'persona/'
});

Para entender el REST necesita tener en mente las operaciones de CRUD, que son las siguientes:

- C reate # equivale a insertar
- R ead # equivale a cargar
- U pdate # equivale la actualizar
- D elete # equivale a borrar

A grosso modo, el REST mapea las operaciones para una determinada URL que sólo utiliza verbos (HTTP) diferentes para cada petición. Esa relación es un tanto intuitiva, veamos:

- *GET* http://localhost/persona/1 # para recuperar un registro (read)
- *POST* http://localhost/persona # para crear un registro (create)
- *PUT* http://localhost/persona/1 # para actualizar un registro (update)
- *DELETE* http://localhost/persona/1 # para borrar un registro (delete)

Note que además de la comprensión del REST y además de un back-end para recepcionar cada petición tendremos que tener los redireccionamientos de las URL's.

Pero no se desanime, vamos a experimentar sin tener todos esos requisitos.

READ - FETCH()

Para recuperar un registro debemos utilizar el método *fecth()*, tenemos que tener un identificador definido y sería bueno que definieramos métodos de callback para el status *success* y *error* facilitando, de esa forma, el control sobre lo que está sucediendo.

```
var p1 = new Persona({id: 1});
p1.fetch({
success: function (modeloRespuesta) {
console.log("OK");
// estamos mostrando el retorno de la petición
console.log(modeloRespuesta.get('nombre'));
```

```
},
error: function (model, peticion, options) {
console.log("Error");
}
});
```

```
//En este trozo no se ejecutará `p1.get('nombre')` ya que
// la petición AJAX es asíncrona, entonces, la ejecución del
// script continuará independiente de la respuesta.
console.log(typeof p1.get('nombre')); // "undefined"
```

El código de arriba generará la siguiente petición:

```
url: http://localhost/persona/1
method: GET
```

CREATE - SAVE()

Para insertar un nuevo registro podemos llamar el método *save()* con miras a que aún no tenemos el identificador del modelo, en otras palabras, se realiza el verbo *POST* al ejecutar el método *save()* sin tener un identificador definido.

```
// POST (para insertar)
var p1 = new Persona({nombre: 'Juan'});
p1.save({}, {
success: function() {
console.log('OK');
}
});
```

El código de arriba generará la siguiente petición.

```
url: http://localhost/persona/
method: POST
```

UPDATE - SAVE()

Para actualizar el modelo el método es el mismo *save()*, pero ahora tenemos el identificador *id* del modelo, entonces el Backbone sabrá que se trata de una actualización y utilizará el verbo *PUT* (REST).

```
// PUT (para actualizar)
var p1 = new Person({id: 1, nombre: 'Juan'});
p1.save({}, {
success: function() {
console.log('OK');
}
});
```

El código de arriba generará la siguiente petición:

```
url: http://localhost/persona/1
method: PUT
```

DELETE - DESTROY()

Para eliminar un modelo debemos llamar a la función *destroy()*.

El objeto debe tener un identificador para poder ser eliminado.

```
// DELETE (para eliminar)
var p1 = new Persona({id: 1, nombre: 'Juan'});
p1.destroy();
```

El código de arriba generará la siguiente petición:

```
url: http://localhost/person/1
method: DELETE
```

SINCRONIZANDO COLECCIONES

Como ya vimos anteriormente como sincronizar los models (modelos), en este capítulo veremos que también es posible sincronizar colecciones enteras con el Backbone.

En este ejemplo vamos a abstraer una librería y sus libros.

Debemos comenzar definiendo la URL que recibirá nuestra petición, podemos hacer eso en la collection (colección).

```
var LibrosCollection = Backbone.Collection.extend({
url: 'libros/',
});
```

Ahora solamente tenemos que ejecutar el método *fecth()* para recuperar los libros.

```
var libros = new LibrosCollection();
libros.fetch({
success: function (collection, response) {
console.log('OK');
console.log(JSON.stringify(libros.toJSON()));
},
error: function (collection, response) {
console.log('NEG');
},
});
```

El código de arriba realizará una petición del tipo GET para la URL http://localhost/libros/. Habrá notado que el resultado es correcto pero cae en el callback *error*. Para corregir eso debemos tener un back-end respondiendo a la petición y devolviendo una string JSON con una colección de libros.

Para acortar el camino vamos a crear un HTML estático con la string JSON. Cree el archivo *libros/index.html* e inserte el siguiente contenido.

```
[{"id":1,"titulo":"La colmena", "autor": "Camilo José Cela"},
{"id":2,"titulo":"El Quijote, ", "autor": "Miguel de Cervantes"},
{"id":3,"titulo":"Backbone JS", "autor": "Jaime Vallés"}]
```

Note que son sólo esas 3 líneas, nada más ni nada menos. Sólo eso es lo que su HTML debe contener, es decir, ninguna tag.

Después de crear el archivo ejecute su código JavaScript y vea el resultado, es el esperado, el procedimiento de callback *sucess*.

EL SYNC

Como el *sync* es posible sobreescribir la función en la cual pasan todos los métodos del Backbone, en otras palabras, lo que escriba en el *sync* sustituirá a las funciones *model.fetch(), model.save()* y *model.delete()*.

El ejemplo que vemos a continuación lo dice todo.

```
Backbone.sync = function(method, model, options) {
console.log(method);
};
var variable = new Backbone.Model({id: 9});
variable.fetch();
variable.save();
variable.destroy();
// read
// update
// delete
```

En el próximo ejemplo nosotros creamos un enorme switch para tratar cada método de manera separada.

Observe el comportamiento del método *save()*, si no pasamos un identificador (id) este entiende que estamos en la letra C del CRUD, es decir, que estamos efectuando un acto de crear (create). Ahora si pasamos el identificador el método es lo bastante inteligente para efectuar una operación de actualización (update).

```
Backbone.sync = function (method, model, options) {
switch (method) {
case 'read':
console.log("dice: " + method)
break;
case 'create':
```

```
console.log("dice: " + method)
break;
case 'update':
console.log("dice: " + method)
break;
case 'delete':
console.log("dice: " + method)
break;
default:
console.log("dice por defecto: " + method)
break;
}
};
var variable = new Backbone.Model();

variable.fetch();
variable.save();
variable.save({id: 9});
variable.destroy();

// dice: read
// dice: create
// dice: update
// dice: delete
```

Ahora seguramente se estará preguntando: ¿Qué hago ahora? No hay una respuesta correcta, ya que existen varios caminos.

Un punto importante que tiene que ser observado es que el hecho que estamos haciendo que todos los métodos de cualquier modelo será sobrescrito. Entonces tenemos que tener el cuidado de escribir una API consistente.

Y si quisiera sobreescribir sólo un modelo en particular sin afectar alos demás, ¿sería posible?

SINCRONIZANDO UN MODELO SIN AFECTAR LOS DEMÁS

Podemos aplicar un override en un determinado modelo (model) sin interferir en los demás. Aquí también conseguimos responder a la pregunta "¿Qué hago ahora?", ya que estamos dando continuidad al proceso definiendo un API particular adaptado a nuestras necesidades. Como ejemplo, optaremos por utilizar el siguiente esquema de URL's:

POST persona/read/?id=
POST persona/create/
POST persona/update/?id=
POST persona/delete/?id=

Explicación, vamos a utilizar el verbo HTTP *POST*, que quiere decir, que todas las peticiones huyen del REST y aplican el bueno y viejo POST. También tendremos una carpeta específica para cada operación.

```
var Persona = Backbone.Model.extend({
// Override
sync: function (method, model, options) {
options | | (options = {});
switch (method) {
case 'read':
options.url = 'http://localhost/persona/read/?id=' this.id;
break;
case 'create':
options.url = 'http://localhost/persona/create/';
break;
case 'update':
options.url = 'http://localhost/persona/update/?id=' this.id;
break;
case 'delete':
```

```
options.url = 'http://localhost/persona/delete/?id=' this.id;
break;
}

// Notificamos al Backbone que aplique las modificaciones
return Backbone.sync.apply(this, arguments);
}
});
```

Ahora podemos ejecutar los métodos del Backbone para ver el resultado. En este ejemplo usaremos el método *save()* pero también puede y debe realizar el *fecth()* y el *delete()*.

```
var p1 = new Persona({id: 221});
p1.save({}, {
emulateHTTP: true,
success: function () {
console.log('OK');
}
});
```

El método *save()* de arriba creará una petición hacia la url *http://localhost/person/update/?id=221*, si quiere que su petición tenga éxito, deberá escribir un script en el lado del servidor para devolver una string JSON.

Para acortar el camino, podemos simplemente dejar un HTML retornando la string JSON (debe tener por lo menos un servidor web configurado e instalado). De esta manera obtendremos una respuesta siempre igual, fija, pero suficiente para poder probar nuestro código.

Cree un archivo *denominandoindex.html* en la carpeta [documentroot]/persona/update/ con el siguiente contenido:

{"id":1,"nombre":"Miguel"}

Sólo eso, sólo la línea de arriba, nada de tags *body*, *head* o *html*.

Ejecute nuevamente su código JavaScript y compruebe si su petición ha obtenido éxito.

DEFINIENDO RUTAS

El Backbone tiene rutas para hashtags, como por ejemplo, *http://localhost/variable/index.html#cualquier-cosa.*

Recuerde que podemos suprimir la parte *index.html,* como podemos ver a continuación: *http://localhost/variable/#cualquier-cosa.*

Vamos al código:

var AppRutas = Backbone.Router.extend({

```
// Definiendo rutas
routes: {
'Ruta1': 'callbackToRuta1',
'Ruta2': 'callbackToRuta2',
'Ruta3': 'callbackToRuta3'
},

// Callbacks..
callbackToRuta1: function () {
console.log('callback to lish');
},
callbackToRuta2: function () {
console.log('callback to bar');
},
callbackToRuta3: function () {
console.log('callback to proof');
}
});

// Inicializar el Router
var app_rutas = new AppRutas();
```

// Después de definir las rutas, tenemos que
// inicializar el Backbone.history siempre
Backbone.history.start();
Los ejemplos de arriba mapen las siguientes URL's.
http://localhost/variable/#lish ---> 'callback to lish'
http://localhost/variable/#bar ---> 'callback to bar'
http://localhost/variable/#proof ---> 'callback to proof'

Podemos definir las rutas después de inicializar el router, vea el ejemplo de abajo, este reproduce la misma salida que el código anterior.

```
var AppRutas = Backbone.Router.extend({
routes: {
'Ruta1': 'callbackToRuta1',
'Ruta2': 'callbackToRuta2',
'Ruta3': 'callbackToRuta3'
}
});

// Incializando el router
var app_rutas = new AppRutas();

// Definiendo rutas después de que el router se haya inicializado
app_rutas.on('route:callbackToRuta1', function () {
console.log('callback to ruta1');
});
app_rutas.on('route:callbackToRuta2', function () {
console.log('callback to ruta2');
});
app_rutas.on('route:callbackToRuta3', function () {
console.log('callback to ruta3');
});

// Inicializar el Backbone.history
Backbone.history.start();
```

INDEX Y DEFAULT

Los ejemplos que vemos a continuación son para ilustrar que podemos definir una función callback en un archivo index y un callback para cualquier otra hashtag (en este ejemplo lo llamaremos default).

```
var AppRutas = Backbone.Router.extend({
routes: {
'': 'index',
'*default': '_default'
},
index: function () {
console.log('callback to index');
},
_default: function (hashtag) {
console.log('callback to default, hastag: %s', hashtag);
}
});

var app_rutas = new AppRutas;
Backbone.history.start();
```

Al acceder a *http://localhost/variable/*, inmediatamente el callback *index()* será ejecutado.

Al acceder a cualquier cosa después de la *variable/#*, el callback *_default()* será ejecutado.

El "*default*" también se puede utilizar para páginas no encontradas, como podemos ver en el ejemplo de abajo.

```
var AppRutas = Backbone.Router.extend({
routes: {
'*path': 'notFound'
```

```
},
notFound: function (uri) {
console.log('La URL %s no ha sido encontrada', uri);
}
});
var app_rutas = new AppRutas;
Backbone.history.start();
```

Conforme el código de arriba podremos tener los siguientes casos.

http://localhost/variable/#wrong-url ---> *"La wrong-url no ha sido encontrada"*
http://localhost/variable/#bad-url ---> *"La bad-url no ha sido encontrada"*

PARÁMETROS

Podemos utilizar parámetros en la hashtag, basta con utilizar el *:parametro*, como podemos ver en el ejemplo de abajo.

```
var AppRutas = Backbone.Router.extend({
routes: {
'search/:query': 'Buscar',
},
search: function (query) {
console.log('callback to Buscar: ' query);
}
});
var app_rutas = new AppRutas;
Backbone.history.start();
```

Con el código de arriba tenemos el siguiente mapeo.

http://localhost/variable/#buscar ---> *no sucede nada*
http://localhost/variable/#buscar/abc ---> *"callback to buscar: abc"*

http://localhost/variable/#buscar/def ---> *"callback to buscar: def"*
http://localhost/variable/#buscar/ghi ---> *"callback to buscar: ghi"*

También podemos pasar varios parámetros, como podemos ver en el ejemplo de abajo.

```
var AppRutas = Backbone.Router.extend({
routes: {
'buscar/:n/:n/:n': 'buscar',
},
buscar: function (a, b, c) {
console.log(a, b, c);
}
});
var app_rutas = new AppRutas;
Backbone.history.start();
```

Según el código de arriba, tendremos el mapeo conforme podemos ver a continuación.

http://localhost/variable/#buscar/1/2/3 ----> *"1" "2" "3"*
http://localhost/variable/#buscar/4/5/6 ----> *"4" "5" "6"*
http://localhost/variable/#buscar/7/8/9 ----> *"7" "8" "9"*

En el mismo código en cuestión, podemos destacar los casos que no corresponden a la ruta definida.

http://localhost/variable/#buscar/1/2 ----> *no sucede nada*
http://localhost/variable/#buscar/1/2/3/ ----> *no sucede nada*
http://localhost/variable/#buscar/1/2/3/4 ----> *no sucede nada*

En este otro ejemplo queda claro que el nombre del parámetro de la hashtag no necesita coincidir con los nombres de los parámetros de la función de callback. En otras palabras, *:codigo* apunta a *isbn* y *:numero* apunta hacia la pagina.

```
var AppRutas = Backbone.Router.extend({
```

```
routes: {
'libros/:codigo/p:numero': 'buscar
},
buscar: function (isbn, pagina) {
console.log("Leyendo el libro ISBN %s, pagina %s", isbn, pagina);
}
});
var app_rutas = new AppRutas;
Backbone.history.start();
http://localhost/variable/#libros/978-85-555-1465-3/p1 --->
"Leyendo el libro ISBN 978-99-555-1465-3, pagina 1"
http://localhost/variable/#libros/978-85-555-1465-3/p2 --->
"Leyendo el libro ISBN 978-99-555-1465-3, pagina 2"
http://localhost/variable/#libros/978-99-555-1465-3/p3 --->
"Leyendo el libro ISBN 978-99-555-1465-3, pagina 3"
```

Fíjese en el fragmento *p* antes de *:numero*, eso obligará a la hashtag a tener ese mismo fragmento. De igual manera a los ejemplos: */p1, /p2* y */p3*.

PRIMER EJEMPLO DE BACKBONE

Este es el primer ejemplo que veremos del Backbone después de haber conocido los términos de los capítulos referidos a este framework.

En este ejemplo utilizaremos templates y el evento *add* de la colección.

También haremos uso del framework *bootstrap*.

Al clicar en el botón "Añadir elemento a la Lista" el script incluirá un nuevo elemento *tr*, como podemos ver en la imagen de abajo.

Abajo vemos el código referente al HTML.

```
<div class="container">
   <table class="table">
      <caption><button id="add" class="btn btn-success">Añadir
elementos a la Lista</button></caption>
   </table>
</div>
```

A continuación vamos a ver el código JavaScript. Si ha comprendido el código fuente que hemos visto a lo largo de este libro, el código que vemos a continuación debe serle familiar.

```
// Model
var Elemento = Backbone.Model.extend({
defaults: {
part1: 'Hola',
part2: 'Mundo'
}
});

//
// Collection
//
var Lista = Backbone.Collection.extend({
model: Elemento
});

// Vista
var VistaLista = Backbone.View.extend({
el: $('table'),

// template
template: _.template("<%= id %><%= part1 %> <%= part2 %>"),

events: {
'click button#add': 'addItem'
},

initialize: function () {

// Conectamos el evento `add` el cual escucha cada modelo que es
añadido
// la función "appendItem"
this.collection = new Lista();
this.collection.on('add', this.appendItem, this);

},

addItem: function () {
```

```
var Elemento = new Elemento({
id: (this.collection.length 1)
});
this.collection.add(elemento);
},

appendItem: function (elemento) {
// observa como el template simplifica las cosas
this.$el.append(this.template(item.attributes));
}
});

var VistaLista = new VistaLista();
```

Segundo ejemplo del Backbone

Este es el segundo ejemplo que veremos sobre el uso del Backbone, este ejemplo es una extensión del ejemplo anterior. Por tanto, si no conseguir entender este código, le aconsejo que vuelva a leer los capítulos referidos al Backbone.

En este ejemplo mostraremos como utilizar una vista anidada (nested).

Nuestro HTML continúa el mismo ejemplo que vimos en el "Primer Ejemplo".

```
<div class="container">
  <table class="table">
    <caption><button id="add" class="btn btn-success">Añadir elementos a la Lista</button></caption>
  </table>
</div>
```

Y la interface también.

Añadir elemento a la Lista	
1	Hola Mundo
2	Hola Mundo
3	Hola Mundo
4	Hola Mundo

Lo que vemos de diferente es una vista separada para cada elemento *tr*, veamos el siguiente código.

// model

```
var Elemento = Backbone.Model.extend({
defaults: {
part1: 'Hola',
part2: 'Mundo'
}
});

// collection
var Lista = Backbone.Collection.extend({
model: Elemento
});

// Vista representando cada línea (`tr`) de nuestra tabla
var ElementoVista = Backbone.View.extend({
tagNombre: 'tr',
template: _.template("<%= id %><%= part1 %> <%= part2 %>"),
rendir: function() {
// ¿De donde viene "this.model" ?
// esperamos que el model se pase como parámetro
// al extender la clase.
this.$el.html(this.template(this.model.attributes));
return this; // <--- atención
}
});

//
// Esta es la vista principal
//
var VistaLista = Backbone.View.extend({
el: $('table'),

events: {
'click button#add': 'addItem'
},

initialize: function () {
this.collection = new Lista();
```

```
this.collection.on('add', this.appendItem, this);
},

addItem: function () {
var elemento = new Elemento({
id: (this.collection.length 1)
});
this.collection.add(elemento);
},

// Función que renderiza cada línea.
// Esta es la responsable de llamar a la vista hija
appendItem: function (item) {
var elementoVista = new elementoVista({
model: elemento
});
this.$el.append(elmentoVista.render().el);
}
});

var VistaLista = new VistaLista();
```

TERCER EJEMPLO DEL BACKBONE

Este es el tercer ejemplo en el que veremos el uso del Backbone, este es una extensión del ejemplo anterior.

En este ejemplo vamos a añadir dos links a la vista que representa la línea (tr) de la tabla: "*swap*" y "*delete*". Conectaremos los eventos a los links utilizando la función *events()* del Backbone. Estos eventos por su parte, serán anexionados a los eventos del modelo.

Como aún no queremos finalizar la comunicación con el servidor, sobreescribimos la función *sync* de tal forma que esta cumplirá esa tarea (anular la petición Ajax).

Nuestro HTML continúa el mismo...

```
<div class="container">
   <table class="table">
      <caption><button id="add" class="btn btn-success">Añadir
elementos a la Lista</button></caption>
   </table>
</div>
```

Sin embargo, vamos a utilizar un template en el HTML.

```
<script type="text/template" id="linea">
   <td><%= id %></td>
   <td><%= part1 %> <%= part2 %></td>
   <td><a href="" class="swap">intercambio</a></td>
   <td><a href="" class="delete">eliminar</a></td>
</script>
```

Vea una previa de la interface.

1	Hola Mundo	intercambio	eliminar
2	Hola Mundo	intercambio	eliminar
3	Hola Mundo	intercambio	eliminar
4	Hola Mundo	intercambio	eliminar

A continuación vamos a ver el código JavaScript:

```
// Sobreescribimos el método que conversa con el servidor
Backbone.sync = function(method, model, success, error){
console.log(method " model.id=" model.id);
}

// model
var Elemento = Backbone.Model.extend({
url: "variable/",
defaults: {
part1: 'Hola',
part2: 'Mundo'
}
});

// collection
var Lista = Backbone.Collection.extend({
model: Elemento
});

// Vista representando cada línea (`tr`) de nuestra tabla
var ElementoVista = Backbone.View.extend({
tagNombre: 'tr',

// Como "conectamos" el template
template: _.template( $("#linea").html(), {} ),

// Vamos a definir los callbacks para los links
events: {
'click a.swap': 'swap',
```

```javascript
      'click a.delete': 'remove'
    },

    // Aprovechamos para añadir los callbacks
    // a los eventos del modelo.
    initialize: function(){
      this.model.on('change', this.render, this);
      this.model.on('remove', this.unrender, this);
    },

    rendir: function() {
      this.$el.html(this.template(this.model.attributes));
      return this;
    },

    unrender: function() {
      // eliminar el trozo de HTML
      this.$el.remove();
    },

    // Intercambiamos el valor del modelo
    swap: function(evt) {
      evt.preventDefault();
      this.model.set({part1: "otro"});
    },

    // eliminamos el modelo
    remove: function(evt) {
      evt.preventDefault();
      this.model.destroy();
    }
});

// Esta es la vista principal
var VistaLista = Backbone.View.extend({
  el: $('table'),
```

```
events: {
'click button#add': 'addItem'
},

initialize: function () {
this.collection = new Lista();
this.collection.on('add', this.appendItem, this);
},

addItem: function () {
var elemento = new Elemento({
id: (this.collection.length 1)
});
this.collection.add(elemento);
},

appendItem: function (elemento) {
var elementoVista = new ElementoVista({model: elemento});
this.$el.append(elementoVista.render().el);
}
});

var VistaLista = new VistaLista();
```

CONCLUSIÓN

Backbone es un Framework muy versátil que reduce mucho la complejidad del uso de la integración entre HTML y JavaScript, logrando que las actualizaciones y la exposición de la lógica de la aplicación Web puedan realizarse de una manera más rápida y eficaz, eso sí, para ello es necesario un buen conocimiento de este Framework, lo cual nos requirirá de cierto tiempo de estudio de la documentación técnica y de un poco de práctica.

Pero una vez ya esté habituado a trabajar con este Framework... se preguntará como pudo vivir sin él.

REFERENCIA BIBLIOGRÁFICA

Para la realización de este libro el autor se ha informado, traducido, interpretado y comentado fuentes de las webs devfuria.com (Brasil) y Dot Net Tricks.

Les recomendamos que se lea la documentación técnica de Backbone en su Web oficial: backbonejs.org.

Actualmente no existe mucha documentación de referencia que sea realmente sólida en internet ni en las librerías.

ACERCA DEL AUTOR

Este libro ha sido elaborado por Guillermo Lorenzo Carvallo, Analista de Programación desde el año 2005, especializado en el desarrollo e implantación de soluciones de software mediante Frameworks.

ISBN: 978-1511755504

www.ingramcontent.com/pod-product-compliance
Lightning Source LLC
Chambersburg PA
CBHW070807180526
45168CB00002B/519